解説
キャリア教育

東北大学名誉教授
菊池武剋

実業之日本社

はじめに

１９９９（平成11）年の中央教育審議会「初等中等教育と高等教育との接続の改善について」、いわゆる「接続答申」から20年以上が経ちましたが、キャリア教育はいまだに誤解と混乱の中にあるように見えます。キャリア教育と私との関わりは、２００４（平成16年）の「キャリア教育の推進に関する総合的調査研究協力者会議」の参加からですので、15年以上になります。この間、いろいろな関係や立場から、キャリア教育に携わってきました。日本キャリア教育学会、文部科学省のキャリア教育研修、更に地元・仙台市の「仙台自分づくり教育」等々です。

キャリア教育には、筑波大学教授で教育心理学者の渡辺三枝子氏をはじめ、多くの人たちが、情熱をもって取り組んでこられました。おかげで、今日では「キャリア教育って何？」と聞かれることはなくなりました。しかし、それでは、キャリア教育は学校教育に浸透しているか、社会にその理解が広がったかというと、疑問符がつくのです。キャリア教育は、まだまだ本当に理解はされていないのではないかと感じるのは、私ひとりでしょうか。

これまで、キャリア教育と関わり、キャリア教育について、いろいろな機会に求めに応じて書いてきました。改めて今、それらを見直すと、それらがキャリア教育についての解説だったように思われます。そこで改めて、これまでのキャリア教育との関わりを見直し、私自身のキャリア教育を整理してみたいと思いました。キャリア教育について新たに何かを提案するというのではありません。そこで、「解説　キャリア教育」という書名にしました。

キャリア教育に対し批判があれば、真摯に耳を傾けなければなりません。しかし、それがキャリア教育への誤解に基づくものであるならば、その誤解を解かなければなりません。

本書は、その一助になればと思っています。

【目次】

本文デザイン・組版　岩城奈々

第一章

職業指導からキャリア教育へ

キャリア教育は「職業指導」として生まれ、「進路指導」を経て、「キャリア教育」へと進化してきました。ここでは、まず、その経過について見ていくことにします。

職業指導研究会の誕生

『公益財団法人日本進路指導協会創立90年史』（2017年）に、草創期の職業指導をめぐる状況について、次のような記述があります。

明治の末から大正にかけての社会は、一般に青少年子弟の入学難と就職難の時代であり、朝野をあげて教育内容の刷新と適材適所の実現を要望していた。そのころから欧米における職業指導の思想がわが国の識者の間に注目されるようになり、大正8～10年には大阪および東京にその相談施設が誕生し、11年には文部省が専攻の講習会を開催し、14年には社会局第2部長と文部省普通学務部長の共同通牒が発せられるなど、ようやくその機運が熟しつつあった。

当時、東京市の職員として職業指導の実務に従事しつつあった谷口政秀と小野磐彦は、全国の同志とともに職業指導に関する研究機関を設立しようと意図して、次のような主意書を著書「我子の職業」（稲葉幹一・小野磐彦共著・山海堂出版）の中にはさんで広く識者の賛同を求めた。

主意書

職業指導ハ科学ノ上ニ編マレタ方法ニヨラネバナラナイ。職業指導ノ科学的研究ハ未ダ其ノ端緒ニツイタバカリデアリ、是レヲ完成セシムルハ専門家ノ学術的研究ト実際家ノ熱心ナル研究応用トニ俟タナケレバナラナイ。専門家ニ乏シク実際家モ亦寥々タル今日、然モ目下ノ社会ハ是等ノ人々ニ多大ノ望ヲ嘱シテヰル。

此際ニ於ケル各種ノ研究物ハ、其ノ片鱗トモ雖モ極メテ貴重ナル資料デアリ、是ガ公表ハ一日モ速カランコトヲ望ンデ止マナイ次第デアル。

右ノゴトキ事情ナルヲ以テ職業選択指導ノ基礎ヲ樹立シ、実際指導家及ビ父兄教師ノ拠ッテ軌範トスベキ指針ヲ与エンガ為ニ斯道ノ専門家、研究者、指導家ヲアツムル研究機関設置ノ急務ナルヲ痛感シ茲ニ職業指導研究会ヲ設ケテ右ノ主旨ヲ遂行スルコトトシタノデアル。

大正15年2月11日　建国祭ノ佳日

職業指導研究会

大正末当時の、職業指導関係者たちの熱気が伝わってくるとともに、職業指導が「職業選択の指導・相談」であったことが分かる資料です。

職業指導という用語は、教育学者の入澤宗壽氏が諸外国の教育事情視察の際、アメリカ（ニューヨーク）で行われていたＮＶＧＡ（全米職業指導協会）総会を視察し、vocational guidance を「職業指導」と訳して紹介したものとされています。が、当時わが国の草創期の職業指導に関わった小野磐彦氏によれば、必ずしもそれには拠らず、いわば自然発生的に「職業指導」という言葉を使っていたということです（小野氏との面談によるる）。入澤宗壽氏の影響は、それほど大きなものではなかったのかもしれません。

職業指導のスタート

進路指導は、もともとは vocational guidance（職業指導）として、今世紀初頭に出現しました。それは青少年に対する職業選択の相談・指導活動でした。１９０８（明治41）年、米国でF．パーソンズがボストン職業局を設立して行った職業相談（vocational counseling）が、最も早い公的な活動とされています。彼は、賢明な職業選択には三つの要因がある、すなわち、

①自己に関する明確な理解
②様々な仕事に関する知識
③これら二つの関係に関する合理的な推論

ですが、これに対応するのが職業相談で、その内容は、

①個人資料の収集・整理
②自己分析の援助
③来談者自身による選択・決定
④カウンセラーの分析
⑤職業分野の概観
⑥助言
⑦選んだ仕事への適応についての一般的援助

の七つです。このときパーソンズ氏が、来談者自身の選択・決定の重要性を指摘し、カウンセラーは「指導、修正、忠告、援助するのみ」であると述べていることは、職業指導・進路指導の在り方を考えるうえで重要な指摘です。職業指導のスタートの時から、来談者の主体的選択・決定の重要性が認識されていたのです。

わが国では、米国に遅れること約10年、1919（大正8）年に大阪市立児童相談所が

開設され、そこで児童の職業選択に関する相談が行われました。翌1920（大正9）年に大阪市立少年職業相談所が設立されました。これが独立した職業相談機関としては最も早いものといわれます。その後、職業指導は相談所から活動の場を学校に移していき、1929（昭和2）年の文部科学大臣訓令「児童生徒の個性尊重及び職業指導に関する件」によって、学校教育の中に位置付けられました。

こうして職業指導は一時期大いに発展しましたが、戦時体制の強化とともに、個性尊重よりも国家の大事を優先し、敗戦までの間は、個性尊重に基づく職業指導は停頓したのでした。

職業指導の再スタート

戦後、学制改革によって、学校体系が単一化され、六・三・三・四制がスタートしました。このとき、米国の1930年代の職業指導の基本的な考え方が導入されたのでした。

それは「職業指導とは個人がひとつの職業を選び、それに向かう準備をし、それに入り、その中で進歩するのを援助する過程である」というもので、選択・決定の主体は生徒個人であり、教師は援助者であるという考えを端的に示すものでした。この考え方が以後の職業指導・進路指導の中核となってきたことを忘れてはいけません。

六・三・三・四制が構想された当初は、この12年間の普通教育を保障すべきであると考えられました。学校教育法（１９４７年）では、中学校の教育目標として、「社会に必要な職業についての基礎的な知識と技能、勤労を重んずる態度及び個性に応じて将来の進路を選択する能力を養うこと」があげられるとともに、高等学校の教育目標として「社会において果たさなければならない使命の自覚に基づき、個性に応じて将来の進路を決定させ、一般的な教養を高め、専門的な知識、技術及び技能を習熟させること」があげられています。

このことは、中学校と高校で、継続的・発達的に進路の問題を取りあげることを意味しています。職業指導（進路指導）は中学校だけでも高校だけでも、中途半端になってしまうのであり、中学校・高校と連続させて初めて生徒の主体的選択力を育てる教育活動となりうる、と考えられていたのです。

ところが当時の経済的、社会的条件がこれを許さず、結果的に義務教育は中学校までとなりました。また、当時は中学校を卒業してすぐ就職する子供たちが大半だったこともあって、職業指導は中学校を主舞台に行われることとなりました。その結果、生徒に主体的選択力がまだ十分に育っていない中学校段階では、教師による進路の紹介、選択・決定の指導とならざるを得なかったのです。

学校教育法にも示されているように、本来、中学校段階は、発達的に見て、進路を選択する能力を養うことが課題です。生徒に主体的な選択能力がまだ十分に育っていない段階で、選択・決定を迫ることは、職業指導（進路指導）の理念上、重大な矛盾であるといわねばなりません。以後、職業指導（進路指導）はこの矛盾を抱え続けてきたといってよいでしょう。

一方、高等学校は、いわゆる3原則（小学区制、総合制、男女共学）によって構想されていました。これがあって初めて単線型の学制となり得るし、中学校・高校を通しての発達的な進路指導も実現できたはずなのです。

職業指導から進路指導へ

当初、中学校における職業指導は、「職業」という必修教科の一分野として位置付けられました。その関連で、「職業」の教員免許取得には、「職業指導」（４単位）が必修となっていました。また、高等学校の職業関係科目の免許取得にも「職業指導」（４単位）が必修となりました。こうして、「職業指導」は、教員養成課程に一定の位置を占めるようになったのです。

昭和30年代になると、高校への進学率が全国的に50％を超えるようになりました。一方で高度経済成長期にさしかかり、中学校に対し産業界からは、産業技術者の養成を強く要請されました。これらにより、中学校の「職業」は、近代産業技術に対応する教科としての期待が薄れていきました。１９５８（昭和33）年の中学校学習指導要領の全面改訂によって、「職業」は選択教科となり、かわりに「技術」が必修教科として新設されました。ところが、技術科の免許取得に必要な単位の中に、「職業指導」は含まれませんでした。

結果的に、中学校の必修教科科目の免許を取得するためには、「職業指導」は必要ない、ということになってしまったのです。

このころ、職業指導は職業教育と誤解されるという理由もあって、「進路指導」と呼ばれるようになっていましたが、この改訂以降、公的にも「進路指導」と呼ばれることになりました。名称が進路指導に変わっただけでなく、中学校における位置付けも大きく変わりました。教科から切り離されて、学校教育全体のなかで行われることとなり、主として特別教育活動の一環としての学級活動のなかで、学級担任教師によって指導が行われることとなったのです。主たる担当者も職業科の教師から学級担任の教師へと代わりました。これによって、進路指導はすべての教師にとって必須の活動となったのです。

中学校の教員免許を取得するためには、「職業指導（進路指導）」の単位は必要ないにも関わらず、いったん教師になるや、進路指導は学級担任の大切な仕事の一つとして必ず行わなければならないのです。実際、進路指導とはいかなる活動かについてほとんど知らずに教師になり、学級を担任して初めてその必要性に気付く教師がほとんどでした。新任教師の悩みの一つがこの進路指導なのは、教育現場でよく聞かされたことでした。１９８３（昭和58）年の教育職員免許法施行規則の改正で、「生徒指導・教育相談・進路指導」（２

単位）が必修化されるまで、このような状況が続いてきました。

進路指導は、すべての教師に要求される一般的教育活動であるという側面をもつと同時に、専門的な知識・技能を必要とする活動でもあります。一般化と同時に専門職化も求められたのです。米国の職業カウンセラー教師資格の取得方法なども参考に、１９５４（昭和29）年に「職業指導」の教員免許（中学校・高校）が作られました。この免許が職業指導の専門職化の核になることが期待されたのですが、実際には、この免許を取得することができる大学が少数であったこと、取得希望者も少なかったこと、更に職業指導の免許による教員採用がほとんどなかったことなどから、制度だけが残された形となってしまいました。

１９５６（昭和31）年の学校教育法施行規則の一部改正により、「職業指導主事」が制度化され、中学校と高校に職業指導主事をおくこととなりました（１９７２（昭和47）年に進路指導主事となった）が、このときが専門職化のもう一つの好機でした。しかし、主事に対応できるだけの免許取得人材がいないことから、次のような文部事務次官通達が出され、免許とは結びつけないこととなり、今日に至っています。

「……現在、教育職員免許法に基づいて、職業指導担当者の育成並びに現職教育が、大学や中央、地方における認定講習を通じて行われており、免許状取得者も相当多数にのぼっているが、その数は必要に応ずるまでに至っていない。しかし、免許法に基づく有資格者ではないが、多年、教育上の学識、経験も豊富であり、かつ学校において職業指導の責任的地位にあり、この種の講習会、研究会にも参加し、職業指導上の経験も豊かな教員も多数にのぼっていると考えられる。したがって必ずしも免許状の有無にかかわらず、実力を持った責任者をこれに充てることが適当である。」（文総審130号、1953年、文部事務次官）

専門職化が可能である制度を作りながら、現実にはそれに対応する条件整備が行われなかったというわけです。

進路指導は、これらの矛盾を抱えて今日に至っているのです。そして、今日直面している進路指導をめぐる諸問題は、いずれもこれらの矛盾と深く関わっているといえるでしょう。

進路指導からキャリア教育へ

進路指導からキャリア教育への経過については、筑波大学の藤田晃之氏が、簡潔にまとめておられます。以下、少し長いですが引用します。

１９５０年代から一貫して上昇した高校進学率は、１９７４（昭和59）年に90％台に達した。進学率が70％を超えた１９６０年代後半から、過度の受験競争の弊害が指摘され始め、１９７０年代に入ると「偏差値輪切り」と呼ばれる実践が広がって進路指導の弊害として社会問題化するまでとなった。

当時、大多数の都道府県（以下、県とする）では、民間機関等が作成する主要教科の実力試験や模擬試験（＝業者テスト）を、県内全域の中学校で一斉に実施することが通例となっていた。業者テストの一斉実施日は、通常の授業は行われず、試験監督は教員の職務の範囲内とみなされていた。多くの中学校では、これらのテスト結果にもとづく偏差値や志望高校別の合格可能性等を中核的な資料として高校選択の指導がなされ、これを進路指導と呼んでいたのである。そして、不合格者を出さないことがめざされるあまり本人の希望よりも業者テストの結果が優先されることも少なくなかった。また、業者テストの結果にもとづいて算出される偏差値は、入学者選抜用資料の一部として高校に提供され、私立高校の推薦入試等では合否判定を左右する中核的なデータとなることもめずらしくなかった。

文部省は、このような事態の是正のため１９７０年代に２回通達を出したものの、その実質的な効果はほとんどなかった。しかし、１９９０（平成２）年10月12日、埼玉県教育委員会が中学校に対して高等学校への生徒の偏差値の提供を禁止したことを契機に、偏差値輪切りへの批判的世論は急速に高まりをみせた。

そして、文部省は、１９９３（平成５）年２月22日づけ通知において中学校から業者テストを直ちに排除するよう求めたのである。文部省の強い姿勢は、これまで指導行政の手法を貫いてきた同省が事実上の命令通知を出したことに明確に表れている。

しかし、このような強硬な業者テストの排除施策は、進路指導の改善に直結しなかった。当初の数年間は、混乱期にあったといえる。

まず、テスト業者の多くは、専修学校・各種学校等の教室を週末等に借り受け、従来通りのテストを実施した。また、塾や予備校がテストの開発・実施組織を形成し、既得権を得てきた業者とあえて競合して新テストに踏み切るケースも目立った。中学校からの業者テストの排除が、新たな受験産業市場を形成したといえよう。一方、多くの中学校では、卒業生の校内試験結果と進学先との相関関係をもとに、校内試験結果を偏差値同様の合否予測資料と読みかえる作業が行われた。偏差値を失った中学校は、当初、「受かるか」「落ちるか」を軸とした旧来型の指導から脱却できなかったのである。

その後、文部省（現、文部科学省）、各自治体の他、日本進路指導学会（現、日本キャリア教育学会）、日本進路指導協会等の関係諸団体は、偏差値に依存しない進路指導の在り方をめぐって教員研修の機会を積極的に設けた。そして、不合格者を出さないための進学先の振り分けの慣行は大幅に弱まり、自己理解の深化と将来計画の具体化に働きかけながら進路選択能力を高める指導へと姿を変えるなど、中学校における進路指導は着実に改善されてきた。

しかしながら、業者テストの追放のような「カンフル剤」の注入がなされなかった高等学校における進路指導が、旧来の慣行から脱却に成功したとは言い難い。進学予定者に対しては、大手予備校等が実施する模試などの結果を軸とした合否予測と、その結果を踏まえた受験対策指導が進路指導実践の中核であった。また、就職を希望する生徒に対しては、地元企業との相互信頼関係をベースとした推薦制度、いわゆる「一人一社制」の慣行の下で、企業は自社への単願を求め、学校は学業成績や生活態度などを中心に生徒を評価して推薦することが通例になっていた。

しかし、１９９９（平成11）年12月の中央教育審議会答申「初等中等教育と高等教育との接続の改善について」がキャリア教育の導入を求めたことを契機に、キャリア教育の推進のための施策がとられ、その後、２００８（平成20）年に閣議決定された教育振興基本計画では、「小学校段階からのキャリア教育を推進する」と明示されるまでになった。これを受け、２０１１（平成20）年には、中央教育審議会答申「今後の学校におけるキャリア教育・職業教育の在り方について」を取りまとめ、今後のキャリア教育推進の方策を示した。このような中で、進路指導全体がキャリア教育推進施策の中で一気に活性化して今日に至っている。

職業指導からキャリア教育への進化の過程は、大正末の少年職業相談所の設置、昭和初期の学校職業指導、戦後、昭和20年代のNVGA（全米職業指導協会）の「職業指導」の導入、昭和30年代には職業指導から進路指導へ、そして偏差値、進路振り分けの進路指導、更に1999（平成11）年に進路指導から「キャリア教育」へ。大正～昭和初期の職業指導の時代、昭和30年代からの進路指導の時代、そして平成10年代の「キャリア教育」の時代に区分することができます。それぞれの時代の社会・経済的状況と学校教育が密接に関連して、「学校から社会へ」という課題に対応しようとしていたといえるでしょう。

令和の時代はどうでしょうか。それはおそらく、「キャリア教育」からキャリア教育へ、ということになるのではないかと私は思います。「　」付きのキャリア教育ではないキャリア教育、つまり、特別のものではない、いわば当然のこととして、キャリア教育が行われる時代でなければなりません。

第二章

「キャリア教育」のはじまり

何事もそうですが、最初が何であったのかを考えると問題の本質が明らかになるものです。キャリア教育の場合、それは1999（平成11）年の中央教育審議会「初等中等教育と高等教育との接続の改善について（答申）」、いわゆる「接続答申」でしょう。ここに示された「キャリア教育」こそが、その後の、そして現在のキャリア教育の原点です。「接続答申」と後の答申や報告書等を見ていくことで、そもそも「キャリア教育」とは何であったのかを考えていくことにしましょう。

「初等中等教育と高等教育との接続の改善について（答申）」（「接続答申」）

この答申では、高校と大学との接続の改善を大きな課題としましたが、接続は単に高校と大学間だけでなく、小・中・高・大学の接続が課題でした。それぞれの学校段階での教育と学習が次の段階とうまくつながらないことは、現実に学校に多くの学業不振、不適応児童生徒や中途退学者がいることからもうかがえますが、これに加えて、学校教育の最終段階における接続、つまり「学校教育と職業生活との接続」も問題とされました。フリーター志向の広がりや、無業者の増加、就職後の早期離職等、「学校から職業への移行」の問題です。接続は単に学校間の接続ではなく、卒業後の職業生活を視野に入れて捉えられなければなりません。このような問題は、従来、「進路指導」の教育課題とされ、中学校、高校で取り組まれてきたところですが、十分にその成果をあげるには至らなかったと考えられ、そこで、「キャリア教育」が登場することになるのです。

答申は、以下のようにいいます。

「学校と社会及び学校間の円滑な接続を図るためのキャリア教育（望ましい職業観・勤労観及び職業に関する知識や技能を身につけさせるとともに、自己の個性を理解し、主体的に進路を選択する能力・態度を育てる教育）を、小学校段階から発達段階に応じて実施する必要がある」

ここでキャリア教育は「望ましい職業観・勤労観及び職業に関する知識や技能を身につけさせるとともに、自己の個性を理解し、主体的に進路を選択する能力・態度を育てる教育」と定義されています。一見、進路指導とほとんど同じようにも思われますが、進路指導の中心である「自己の個性を理解し、主体的に進路を選択する能力・態度を育てる」の前に、「望ましい職業観・勤労観及び職業に関する知識や技能を身につけさせる」が加えられていることが注目されます。つまり、キャリア教育＝進路指導＋職業観・勤労観＋職業教育ということになるわけです。さらに、「小学校段階から発達段階に応じて実施する必要がある」ということで、従来の中学校・高校中心の進路指導ではなく、小・中・高・大学にわたって行われると位置付けられました。

接続答申で初めて登場した「キャリア教育」ですが、実際には進路指導と同じと思われたのか、キャリア教育（＝進路指導＋職業観・勤労観＋職業教育）としての展開はほとんど見られませんでした。定義は示されたのですが、具体的な内容は示されなかったということでしょうか。

キャリア教育（＝進路指導＋職業観・勤労観＋職業教育）の中で、「職業観・勤労観」を提言したのは国立教育政策研究所生徒指導研究センター「児童生徒の職業観・勤労観を育む教育の推進について」（2002年11月）でした。

その「まえがき」には次のような記述があります。

子どもたちの職業観・勤労観の形成をめぐって、今日ほど様々に論議されたり、危ぶまれたりしたことはなかったのではないでしょうか。その背景には、産業・経済の構造転換や労働市場の多様化・流動化などに伴って、社会全体に先行きへの不透明感が増幅し、そうした世相を反映して、子どもたちの世界に、漠然とした閉塞感や無力感が広がっていることなどが考えられます。また、かつてない厳しい就職状況や大学等への進学者の急速な増加など、進路をめぐる環境が激しく変化する中でフリーター志向やモラトリアム傾向が若者全般に広がっていることを危惧する指摘も少なくありません。

こうしたことを受け、本調査研究では、関係する調査結果等を幅広く収集し、子どもたちの職業観・勤労観の現状及びその形成過程、特に、学校教育における取組の現状や課題を分析し、今後、子どもたちにどのように指導・援助を行っていけばよいかについて、その基本方向を検討することにしました。

職業観・勤労観の形成は、子どもたちの内面の成長・発達と深くかかわると同時に、時代や環境の変化に大きく左右される事柄です。そのため、検討に当たっては、子どもたちの発達の変化や発達課題を明らかにするとともに、そうした課題の達成に必要な能力・態度を幅広く取り上げ、各学校段階ごとに具体的に示すことに留意しました。その結果を小・中・高等学校を通じた「児童・生徒の職業観・勤労観を育むための学習プログラム（例）」としてまとめています。

確固とした職業観・勤労観を持って力強く生きていくことが強く求められる今日、その基盤を培う学校教育、とりわけ進路指導の取り組みの重要性はますます高まっています。本報告書が、各学校のそうした取り組みの参考として活用されることを願っています。

ここでは、職業観・勤労観の形成の重要性がうたわれていますが、キャリア教育という言葉は出てきません。むしろ「確固とした職業観・勤労観を持って力強く生きていくことが強く求められる今日、その基盤を培う学校教育、とりわけ進路指導の取組の重要性はますます高まっています」とあるように、進路指導としての位置付けです。

ちなみに、職業観・勤労観については、以下のように記述されています。

「職業観・勤労観」は、職業や勤労についての知識・理解及びそれらが人生で果たす意義や役割についての個々人の認識であり、職業・勤労に対する見方・考え方、態度等を内容とする価値観である。その意味で、職業・勤労を媒体とした人生観ともいうべきものであって、人が職業や勤労を通してどのような生き方を選択するかの基準となり、また、その後の生活によりよく適応するための基盤となるものである。

職業観・勤労観の形成を支援していく上で重要なのは、正しいとされる一律の「職業観・勤労観」を教え込むことではなく、生徒一人一人が働く意義や目的を探究し、自分なりの職業観・勤労観を形成・確立していく過程への指導・援助をどのように行うかである。人はそれぞれ自己の置かれた状況を引き受けながら、何に重きをおいて生きていくかという自分の「生き方」と深くかかわって「職業観・勤労観」を形成していく。「生き方」が人によって様々であるように、「職業観・勤労観」も人によって様々であって然るべきだからである。

職業観・勤労観の育成に当たっては、こうした状況を踏まえ、「自分なりの職業観・勤労観」という多様性を大切にしながらも、それらに共通する土台として、以下のような「望ましさ」を備えたものを目指すことが求められる。「望ましさ」の要件としては、基本的な理解・認識面では、

①職業には貴賤がないこと

②職務遂行には規範の遵守や責任がともなうこと

③どのような職業であれ、職業には生計を維持するだけでなく、それを通して自己の能力・適性を発揮し、社会の一員としての役割を果たすという意義があること

などがあげられるであろうし、情意・態度面では、

①一人一人が自己及びその個性をかけがえのない価値あるものであるとする自覚

②自己と働くこと及びその関係についての総合的な検討を通した、職業・勤労に対する自分なりの構え

③将来の夢や希望の実現を目指して取り組もうとする意欲的な態度

などがそれに当たると考えられる。

さらに、「職業観・勤労観を育む学習プログラムの枠組み（例）―職業的（進路）発達にかかわる諸能力の育成の視点から」〈P34-35　表1〉が示されています。

これが、後のキャリア教育の重要な枠組みとなっていくのです。

「職業観・勤労観を育む学習プログラムの枠組み」は、「子どもたちの発達の変化や発達課題を明らかにするとともに、そうした課題の達成に必要な能力・態度を幅広く取り上げ、各学校段階ごとに具体的に示す」ものでした。「職業観・勤労観を育む」といいながら、内容は「職業的（進路）発達にかかわる諸能力の育成」ということになっているのです。「職業的（進路）発達にかかわる諸能力の育成」は、キャリア教育の課題です。

「キャリア教育の推進に関する総合的調査研究協力者会議　報告書」

キャリア教育について真正面から取りあげたのは、文部科学省「キャリア教育の推進に関す

中学校	高等学校
現実的探索と暫定的選択の時期	現実的探索・試行と社会的移行準備の時期
・肯定的自己理解と自己有用感の獲得 ・興味・関心等に基づく職業観・勤労観の形成 ・進路計画の立案と暫定的選択 ・生き方や進路に関する現実的探索	・自己理解の深化と自己受容 ・選択基準としての職業観・勤労観の確立 ・将来設計の立案と社会的移行の準備 ・進路の現実吟味と試行的参加
育成することが期待される具体的な能力・態度	
・自分の良さや個性が分かり，他者の良さや感情を理解し，尊重する。 ・自分の言動が相手や他者に及ぼす影響が分かる。 ・自分の悩みを話せる人を持つ。	・自己の職業的な能力・適性を理解し，それを受け入れて伸ばそうとする。 ・他者の価値観や個性のユニークさを理解し，それを受け入れる。 ・互いに支え合い分かり合える友人を得る。
・他者に配慮しながら，積極的に人間関係を築こうとする。 ・人間関係の大切さを理解し，コミュニケーションスキルの基礎を習得する。 ・リーダーとフォロアーの立場を理解し，チームを組んで互いに支え合いながら仕事をする。 ・新しい環境や人間関係に適応する。	・自己の思いや意見を適切に伝え，他者の意志等を的確に理解する。 ・異年齢の人や異性等，多様な他者と，場に応じた適切なコミュニケーションを図る。 ・リーダー・フォロアーシップを発揮して，相手の能力を引き出し，チームワークを高める。 ・新しい環境や人間関係を生かす。
・産業・経済等の変化に伴う職業や仕事の変化のあらましを理解する。 ・上級学校・学科等の種類や特徴及び職業に求められる資格や学習歴の概略が分かる。 ・生き方や進路に関する情報を，様々なメディアを通して調査・収集・整理し活用する。 ・必要応じ，獲得した情報に創意工夫を加え，提示，発表，発信する。	・卒業後の進路や職業・産業の動向について，多面的・多角的に情報を集め検討する。 ・就職後の学習の機会や上級学校卒業時の就職等に関する情報を探索する。 ・職業生活における権利・義務や責任及び職業に就く手続き・方法などが分かる。 ・調べたことなどを自分の考えを交え，各種メディアを通して発表・発信する。
・将来の職業生活との関連の中で，今の学習の必要性や大切さを理解する。 ・体験等を通して，勤労の意義や働く人々の様々な思いが分かる。 ・係・委員会活動や職場体験等で得たことを，以後の学習や選択に生かす。	・就業等の社会参加や上級学校での学習等に関する探索的・試行的な体験に取り組む。 ・社会規範やマナー等の必要性や意義を体験を通して理解し，習得する。 ・多様な職業観・勤労観を理解し，職業・勤労に対する理解・認識を深める。
・自分の役割やその進め方，よりよい集団活動のための役割分担やその方法等が分かる。 ・日常の生活や学習と将来の生き方との関係を理解する。 ・様々な職業の社会的役割や意義を理解し，自己の生き方を考える。	・学校・社会において自分の果たすべき役割を自覚し，積極的に役割を果たす。 ・ライフステージに応じた個人的・社会的役割や責任を理解する。 ・将来設計に基づいて，今取り組むべき学習や活動を理解する。
・将来の夢や職業を思い描き，自分にふさわしい職業や仕事への関心・意欲を高める。 ・進路計画を立てる意義や方法を理解し，自分の目指すべき将来を暫定的に計画する。 ・将来の進路希望に基づいて当面の目標を立て，その達成に向けて努力する。	・生きがい・やりがいがあり自己を生かせる生き方や進路を現実的に考える。 ・職業についての総合的・現実的な理解に基づいて将来を設計し，進路計画を立案する。 ・将来設計，進路計画の見直し再検討を行い，その実現に取り組む。
・自己の個性や興味・関心等に基づいて，よりよい選択をしようとする。 ・選択の意味や判断・決定の過程，結果には責任が伴うことなどを理解する。 ・教師や保護者と相談しながら，当面の進路を選択し，その結果を受け入れる。	・選択の基準となる自分なりの価値観，職業観・勤労観を持つ。 ・多様な選択肢の中から，自己の意志と責任で当面の進路や学習を主体的に選択する。 ・進路希望を実現するための諸条件や課題を理解し，実現可能性について検討する。 ・選択結果を受容し，決定に伴う責任を果たす。
・学習や進路選択の過程を振り返り，次の選択場面に生かす。 ・よりよい生活や学習，進路や生き方等を目指して自ら課題を見出していくことの大切さを理解する。 ・課題に積極的に取り組み，主体的に解決していこうとする。	・将来設計，進路希望の実現を目指して，課題を設定し，その解決に取り組む。 ・自分を生かし役割を果たしていく上での様々な課題とその解決策について検討する。 ・理想と現実との葛藤経験等を通し，様々な困難を克服するスキルを身につける。

出典：国立教育政策研究所生徒指導センター

〈表 1〉職業観・勤労観を育む学習プログラムの枠組み（例）－職業的（進路）発達にかかわる諸能力の育成の視点から

			小学校		
			低学年	中学年	高学年
職業的（進路）発達の段階			進路の探索・選択にかかる基盤形成の時期		
○職業的（進路）発達課題（小～高等学校段階） 各発達段階において達成しておくべき課題を，進路・職業の選択能力及び将来の職業人として必要な資質の形成という側面から捉えたもの。			・自己及び他者への積極的関心の形成・発展 ・身のまわりの仕事や環境への関心・意欲の向上 ・夢や希望，憧れる自己イメージの獲得 ・勤労を重んじ目標に向かって努力する態度の形成		
職業的（進路）発達にかかわる諸能力			職業的（進路）発達を促すために		
領域	領域説明	能力説明			
人間関係形成能力	他者の個性を尊重し，自己の個性を発揮しながら，様々な人々とコミュニケーションを図り，協力・共同してものごとに取り組む。	【自他の理解能力】 自己理解を深め，他者の多様な個性を理解し，互いに認め合うことを大切にして行動していく能力	・自分の好きなことや嫌なことをはっきり言う。 ・友達と仲良く遊び，助け合う。 ・お世話になった人などに感謝し親切にする。	・自分のよいところを見つける。 ・友達のよいところを認め，励まし合う。 ・自分の生活を支えている人に感謝する。	・自分の長所や欠点に気付き，自分らしさを発揮する。 ・話し合いなどに積極的に参加し，自分と異なる意見も理解しようとする。
		【コミュニケーション能力】 多様な集団・組織の中で，コミュニケーションや豊かな人間関係を築きながら，自己の成長を果たしていく能力	・あいさつや返事をする。 ・「ありがとう」や「ごめんなさい」を言う。 ・自分の考えをみんなの前で話す。	・自分の意見や気持ちをわかりやすく表現する。 ・友達の気持ちや考えを理解しようとする。 ・友達と協力して，学習や活動に取り組む。	・思いやりの気持ちを持ち，相手の立場に立って考え行動しようとする。 ・**異年齢集団の活動に進んで参加し，役割と責任を果たそうとする。**
情報活用能力	学ぶこと・働くことの意義や役割及びその多様性を理解し，幅広く情報を活用して，自己の進路や生き方の選択に生かす。	【情報収集・探索能力】 進路や職業等に関する様々な情報を収集・探索するとともに，必要な情報を選択・活用し，自己の進路や生き方を考えていく能力	・**身近で働く人々の様子が分かり，興味・関心を持つ。**	・**いろいろな職業や生き方があることが分かる。** ・分からないことを，図鑑などで調べたり，質問したりする。	・**身近な産業・職業の様子やその変化が分かる。** ・**自分に必要な情報を探す。** ・気付いたこと，分かったことや個人・グループでまとめたことを発表する。
		【職業理解能力】 様々な体験等を通して，学校で学ぶことと社会・職業生活との関連や，今しなければならないことなどを理解していく能力	・**係や当番の活動に取り組み，それらの大切さが分かる。**	・**係や当番活動に積極的にかかわる。** ・**働くことの楽しさが分かる。**	・**施設・職場見学等を通し，働くことの大切さや苦労が分かる。** ・**学んだり体験したりしたことと，生活や職業との関連を考える。**
将来設計能力	夢や希望を持って将来の生き方や生活を考え，社会の現実を踏まえながら，前向きに自己の将来を設計する。	【役割把握・認識能力】 生活・仕事上の多様な役割や意義及びその関連等を理解し，自己の果たすべき役割等についての認識を深めていく能力	・**家の手伝いや割り当てられた仕事・役割の必要性が分かる。**	・**互いの役割や役割分担の必要性が分かる。** ・**日常の生活や学習と将来の生き方との関係に気付く。**	・**社会生活にはいろいろな役割があることやその大切さが分かる。** ・**仕事における役割の関連性や変化に気付く。**
		【計画実行能力】 目標とすべき将来の生き方や進路を考え，それを実現するための進路計画を立て，実際の選択行動等で実行していく能力	・**作業の準備や片づけをする** ・**決められた時間やきまりを守ろうとする。**	・**将来の夢や希望を持つ。** ・**計画づくりの必要性に気付き，作業の手順が分かる。** ・学習等の計画を立てる。	・**将来のことを考える大切さが分かる。** ・**憧れとする職業を持ち，今，しなければならないことを考える。**
意思決定能力	自らの意志と責任でよりよい選択・決定を行うとともに，その過程での課題や葛藤に積極的に取り組み克服する。	【選択能力】 様々な選択肢について比較検討したり，葛藤を克服したりして，主体的に判断し，自らにふさわしい選択・決定を行っていく能力	・**自分の好きなもの，大切なものを持つ。** ・学校でしてよいことと悪いことがあることが分かる。	・**自分のやりたいこと，よいと思うことなどを考え，進んで取り組む。** ・してはいけないことが分かり，自制する。	・**係活動などで自分のやりたい係，やれそうな係を選ぶ。** ・教師や保護者に自分の悩みや葛藤を話す。
		【課題解決能力】 意思決定に伴う責任を受け入れ，選択結果に適応するとともに，希望する進路の実現に向け，自ら課題を設定してその解決に取り組む能力	・**自分のことは自分で行おうとする。**	・**自分の仕事に対して責任を感じ，最後までやり通そうとする。** ・**自分の力で課題を解決しようと努力する。**	・生活や学習上の課題を見つけ，自分の力で解決しようとする。 ・**将来の夢や希望を持ち，実現を目指して努力しようとする。**

る総合的調査研究協力者会議　報告書」（２００４年1月28日）でした。実質的には、これが現在に至るキャリア教育の原型といえるでしょう。以下、少し詳しく見ていくことにします。

２００２（平成14）年10月30日に「キャリア教育の推進に関する総合的調査研究について」が、文部科学省初等中等教育局長から出されました。その趣旨は、「近年、新規学校卒業者の就職状況は、産業構造や就業構造の変化、景気の低迷等により非常に厳しい状況にある。また、無業者やフリーターの増加、就職しても早期に離転職する者の増加、職業観・勤労観の希薄化など、若者の就職をめぐって様々な問題が指摘されている。このような状況の下、学校教育において、人間関係形成能力、進路選択能力、意思決定能力、将来設計能力など社会人・職業人としての基礎的な資質・能力の育成が強く求められていることから、キャリア教育の在り方及びその推進方策等に関し、外部の専門家の協力を得て、総合的な調査研究を行う」というものでした。会議は、２００２年11月12日の第1回から２００３（平成15）年11月27日の第14回まで、専門委員会が5回行われ、２００４（平成16）年1月28日に「キャリア教育の推進に関する総合的調査研究協力者会議報告書～児童生徒一人一人の勤労観、職業観を育てるために～」が出されました。報告書は60ページに及ぶもので、最後にその要旨ともいうべき「骨子」が示されています。

キャリア教育の推進に関する総合的調査研究協力者会議報告書
～児童生徒一人一人の勤労観、職業観を育てるために～の骨子

はじめに
○少子高齢社会の到来、産業・経済の構造的変化や雇用の多様化・流動化等を背景として、就職・進学を問わず進路選択をめぐる環境は大きく変化
○学校における教育活動がともすれば「生きること」や「働くこと」と疎遠になったり、十分な取り組みが行われてこなかったのではないかという指摘
○本協力者会議は、初等中等教育における「キャリア教育」を推進していくための基本的な方向等について総合的に検討するため、平成14年11月に設置され、今般、報告書を公表
○本協力者会議の報告は、学校や教育関係者等における「キャリア教育」推進の指針となる提言
第1章　キャリア教育が求められる背景

1　学校から社会への移行をめぐる様々な課題

（1）就職・就業をめぐる環境の激変

○新規学卒者に対する求人は著しく減少

○求職希望と求人希望との不整合が拡大

（2）若者自身の資質等をめぐる課題

○勤労観、職業観の未熟さ

○職業人としての基本的資質・能力の低下

2　子どもたちの生活・意識の変容

（1）子どもたちの成長・発達上の課題

○身体的な早熟傾向に比して、精神的・社会的自立が遅れる傾向

○生産活動や社会性等における未熟さ

（2）高学歴社会におけるモラトリアム傾向

○若者が職業について考えたり、職業の選択・決定を先送りにするモラトリアム傾向の高まり

○進路意識や目的意識が希薄なまま「とりあえず」進学したりする若者の増加

第2章　キャリア教育の意義と内容

1　「キャリア」をどうとらえるか

○「キャリア」の解釈・意味づけは、それぞれの主張や立場、用いられる場面によって多様

○「キャリア」とは「個々人が生涯にわたって遂行する様々な立場や役割の連鎖及びその過程における自己と働くこととの関係づけや価値づけの累積」

2　キャリア教育の定義

○端的には「児童生徒一人一人の勤労観、職業観を育てる教育」

○中央教育審議会答申（平成11年12月）における定義：「望ましい職業観・勤労観及び職業に関する知識や技能を身につけさせるとともに、自己の個性を理解し、主体的に進路を選択する能力・態度を育てる教育」

○これを本協力者会議では、「キャリア」概念に基づき、「児童生徒一人一人のキャリア発達を支援し、それぞれにふさわしいキャリアを形成していくために必要な意欲・態度や能力を育てる教育」ととらえている

3　キャリア教育の意義

（1）教育改革の理念と方向性を示すキャリア教育

○キャリア教育は、一人一人のキャリア発達や個としての自立を促す視点から、従来の在り方を幅広く見直し、改革していくための理念と方向性を示すもの

（2）子どもたちの「発達」を支援するキャリア教育

○キャリアが発達段階やその発達課題の達成と深くかかわりながら段階を追って形成されていくことを踏まえ、子どもたちの成長・発達を支援する視点に立った取り組みを推進

（3）教育課程の改善を促すキャリア教育

○各領域の関連する諸活動を体系化し、組織的・計画的に実施することができるよう、各学校が教育課程編成の在り方を見直していくことが必要

4　キャリア教育の範囲と内容

（1）学校教育における各領域とキャリア教育

○キャリア教育は、学校のすべての教育活動を通して推進

（2）小・中・高等学校学習指導要領におけるキャリア教育関連事項

○学習指導要領において、キャリア教育に関連する事項は相当数に上る

○各学校において活動相互の関連性や系統性に留意しながら、発達段階に応じた創意工夫ある教育活動を展開していくことが必要

5　進路指導、職業教育とキャリア教育

（1）進路指導とキャリア教育

○進路指導の取り組みはキャリア教育の中核。しかし、従来の進路指導においては、「進路決定の指導」や、生徒一人一人の適性と進路や職業・職種との適合を主眼とした指導が中心

○キャリア教育においては、キャリア発達を促す指導と進路決定のための指導とが系統的に調和をとって展開。適合とともに、集団生活に必要な規範意識やマナー、人間関係を築く力やコミュニケーション能力など、適応にかかる幅広い能力の形成の支援を重視

（2）職業教育とキャリア教育

○職業教育の取り組みはキャリア教育の中核。しかし、従来の職業教育の取り組みでは、専門的な知識・技能を得させることに重きが置かれており、生徒のキャリア発達をいかに支援するかという視点に立った指導は不十分

○今後、キャリア教育の視点に立って子どもたちが働くことの意義や専門的な知識・技

能を習得することの意義を理解し、その上で科目やコース、将来の職業を自らの意思と責任で選択し、専門的な知識・技能の習得に意欲的に取り組むことができるよう指導の充実が必要

第3章　キャリア教育の基本方向と推進方策

1　キャリア教育の基本方向

(1) 一人一人のキャリア発達への支援

○子どもたちのキャリア発達を支援するため、各発達段階における発達課題を踏まえ、また、発達における個人差に留意しながら、適時性や系統性などに配慮した諸活動を展開

○キャリア発達に関する個別あるいはグループ単位でのカウンセリングの機会の確保と質の向上

(2)「働くこと」への関心・意欲の高揚と学習意欲の向上

○教科・科目の学習とキャリア教育との関連は、二者択一的な関係ではなく、職業や進路などキャリアに関する学習が教科・科目の学習や主体的に学ぼうとする意欲の向上に結び付き、教科・科目の学習がキャリア教育に関する学習への関心や意欲の向上に

つながるという、相互補完的な関係

（3）職業人としての資質・能力を高める指導の充実

○職業教育の専門性の向上に努めるとともに、高等学校段階までの学習が、それ以降のより高度な知識・技能を習得する学習につながるよう、基礎・基本の充実・徹底が必要

○普通教育においても、将来の職業生活を視野に入れ、情報活用能力や外国語の運用能力等、今後、社会や企業で一層必要となる能力を身に付けられるようにすることが重要

（4）自立意識の涵養と豊かな人間性の育成

○働くことには、生計の維持、自己実現の喜びとともに、社会に参画し社会を支えるという意義があることの理解

○小学校段階から、自己と他者や社会との適切な関係を構築する力を育て、将来の精神的、経済的自立を促していくための意識の涵養と豊かな人間性の育成

2　キャリア教育推進のための方策

（1）「能力・態度」の育成を軸とした学習プログラムの開発

○児童生徒の各発達段階における発達課題の達成との関連から、各時期に身に付けるこ

とが求められる能力・態度の到達目標を具体的に設定
○個々の活動がどのような能力・態度の形成をはかろうとするものであるのか等の明確化が重要
○先進的な取り組み事例の情報提供や学習プログラムの開発・普及
（2）教育課題への位置づけとその工夫
○各学校が、キャリア発達の支援という視点から自校の教育課程の在り方を点検・改善していくことが重要
○児童生徒の発達段階を踏まえ、各校種が果たすべき役割や他校種における活動内容・方法・形態等を把握するなど、校種間の連携や一貫性にも留意
○今後、各学校における取組状況等を踏まえ、キャリア教育を一層推進する観点から、学習指導要領上の取り扱いについて検討していく必要
（3）体験活動等の活用
○体験活動は職業や仕事についての具体的・現実的理解の促進、勤労観、職業観の形成等の効果があり、社会の現実を見失いがちな現代の子どもたちが現実に立脚した確かな認識をはぐくむ上で欠かすことのできないもの

○体験活動が一過性の行事にならないよう、事前・事後の指導など、周到な準備と計画のもとに実施する必要があること

（4）社会や経済の仕組みについての現実的理解の促進等

○社会の仕組みや経済社会の構造とその働きについて、人生の早い段階からの具体的・現実的理解

○労働者としての権利・義務、相談機関等に関する情報・知識などの最低限の知識の習得

（5）多様で幅広い他者との人間関係の構築

○日頃から、多くの人々と幅広い人間関係を持つことができるよう働きかけ

○多くの大人が子どもたちとかかわる様々な場や機会を積極的に設けていくことが重要

第4章　キャリア教育を推進するための条件整備

1　教員の資質の向上と専門的能力を有する教員の養成

（1）教員一人一人の資質向上

○キャリア教育の本質的理解をすべての教員が共有し、各教育活動等における個々の取り組みがキャリア教育においてどのような位置づけと役割を果たすものかについて、十分な理解と認識を確立することが不可欠

（2）学校のカリキュラム開発能力の向上

○各学校におけるキャリア発達への支援を軸としたカリキュラムの開発と、家庭、地域、企業等との幅広い連携・協力関係を得られるようなコーディネート（調整）能力を有する教員を養成するため、キャリア教育の中核的役割を担う教員を対象とした研修の充実

（3）キャリア・カウンセリングを担当する教員の養成

○すべての教員が基本的なキャリア・カウンセリングを行うことができるような研修の充実

○「キャリア・カウンセリング研修（基礎）」、「キャリア・カウンセリング（専門）」の二つのプログラム例を示す

○教員養成段階においても、キャリア教育及びキャリア・カウンセリングにかかる基礎的・基本的な知識や理解が得られるような改善が必要

2　保護者との連携の推進

（1）学校からの保護者への積極的な働きかけ

○キャリア教育の推進に際しては、家庭や保護者の役割や影響の大きさを念頭に置き、

家庭・保護者との共通理解を図りながら取り組むことが重要
○産業構造や進路をめぐる環境の変化等について、企業の人事担当者などから共に学んだり、積極的に情報提供したりするなどして、現実に即した情報交換や面談等を実施
（２）家庭の役割の自覚と学校教育への積極的な参画
○子どもたちに、様々な職業生活の実際や仕事には苦労もあるが大きなやりがいや達成感もあることを家庭の中で有形無形のうちに感じ取らせたりすることが重要
３　学校外の教育資源活用にかかるシステムづくり
（１）受け入れ事業所等の確保と地域におけるシステムづくり
○体験活動の普及・円滑な実施・定着のためには関係機関が一体となって取り組むことが大切であり、体験活動推進のための協議会を組織するなど、地域のシステムづくりが必要
（２）キャリア・アドバイザーの確保と活用
○キャリアを形成していく方法等について専門的な知識や情報を持っている人々をキャリア・アドバイザーとして学校に招き、講演・講話、懇談会等を実施
○職種、経歴、年齢等、幅広い層からキャリア・アドバイザーを確保できるよう、対象

となる人材の名簿作りや人材バンク登録システムなどを構築

4　関係機関等の連携と社会全体の理解の促進

○キャリア教育の意義を教育界から各界、各層に幅広く発信

○関係機関等が職場体験、インターンシップ等の実施やキャリア・アドバイザーの活用等について連絡・協議して推進していく場を国、地方の各レベルで整備

（1）ハローワーク等との緊密な連携

○国、都道府県教育委員会等は、ハローワークの幅広い業務・施策について学校への周知を図り、各学校においては、日頃から緊密な情報交換に努めることが重要

（2）大学・専門学校等との連携

○高大連携にかかる取り組みは、大学・専門学校等への進学や大学・専門学校等卒業後の進路や職業について考えることになるなど、子どもたちのキャリア意識を高めるという視点を重視し、関係者が一体となった一層の工夫が望まれること

（3）関係団体・企業等の理解と協力の推進

○経済団体においては、職場体験やインターンシップ等の意義の周知及び受け入れへの協力等について、より広く傘下の企業に働きかけるとともに、企業等においては、社

会的責任という認識のもと、学校の取り組みや生徒の活動を積極的に支援していく姿勢を持って協力していくことを期待

おわりに

○今後、本報告の提言に基づく具体的な取り組みや事例等を紹介する「キャリア教育の手引き」の作成など、様々な施策が必要

○大人自身が自己の在り方生き方を考えたり見直したりする姿勢を持つとともに、キャリア発達を支援する社会的気運を醸成し、社会全体で子どもたちに働きかけていくことが大きな課題

章立てを順にたどっていくと、キャリア教育について検討され、キャリア教育の内容とその推進方策がまとめられています。まさに「総合的」であることが分かるものといえるでしょう。

この報告書では、「接続答申」にいうキャリア教育の定義（望ましい職業観・勤労観及び職業に関する知識や技能を身につけさせるとともに、自己の個性を理解し、主体的に進路を選択する能力・態度を育てる教育）に代わって、これぞキャリア教育ともいうべき定

義（「キャリア」概念に基づき、「児童生徒一人一人のキャリア発達を支援し、それぞれにふさわしいキャリアを形成していくために必要な意欲・態度や能力を育てる教育」）が示されました。しかし、進路指導に代わって突然出てきた「キャリア教育」をなんとか定義しなければならないとはいえ、この定義は、「キャリア教育を定義しているのに、キャリアという言葉が二か所も登場している。同語反復ではないか」と児美川孝一郎氏が2013年にいわれたように、キャリア教育をキャリアで説明するという、まわりくどく解りにくいものでした。

キャリア教育の前に、キャリアとは何かについて説明しなければならなくなったのです。そこでは「キャリア」について、次のように説明されます。

「キャリア」は、一般に、個々人がたどる行路や足跡、経歴、あるいは、特別な訓練を要する職業、職業上の出世や成功、生涯の仕事等を示す用語として用いられている。その解釈・意味づけは、取り上げられるテーマ、それぞれの主張や立場、用いられる場面等によってきわめて多様であり、また、時代の変遷とともに変化してきている。

このことが、「キャリア教育」について相異なる様々な見解を生む大きな要因の一つになっていると考えられる。そこで、まず、「キャリア」をどうとらえるのか、その概念を明確にしておきたい。

「キャリア」の用いられ方は多様であるが、多様な中にも共通する概念と意味がある。それは、「キャリア」が、「個人」と「働くこと」との関係の上に成立する概念であり、個人から独立して存在しえないということである。また、「働くこと」については、今日、職業生活以外にも、ボランティアや趣味などの多様な活動があることなどから、個人がその職業生活、家庭生活、市民生活等の全生活の中で経験する様々な立場や役割を遂行する活動として幅広くとらえる必要がある。

こうしたことを踏まえ、本協力者会議では、「キャリア」を、「個々人が生涯にわたって遂行する様々な立場や役割の連鎖及びその過程における自己と働くこととの関係づけや価値づけの累積」としてとらえている。

「キャリア教育」を理解するためには、その前提となる「キャリア」について明確にしておかねばならなかったのです。それは、キャリアという言葉が現実に多様な意味合いをもって使われており、それをそのままにして「キャリア教育」と表記することで、様々な理解が混在してしまうのを恐れたからでした。結局、様々な意味合いに共通することとして、キャリアとは「個々人が生涯にわたって遂行する様々な立場や役割の連鎖及びその過程における自己と働くこととの関係づけや価値づけの累積」と定義されました。

そして、キャリア教育の定義が示されます。すなわち、「キャリア」概念に基づき、「児童生徒一人一人のキャリア発達を支援し、それぞれにふさわしいキャリアを形成していくために必要な意欲・態度や能力を育てる教育」です。この定義についての説明です。

「キャリア教育」とは何かを端的に言えば、「児童生徒一人一人の勤労観、職業観を育てる教育」である。「接続答申」では、「望ましい職業観・勤労観及び職業に関する知識や技能を身につけさせるとともに、自己の個性を理解し、主体的に進路を選択する能力・態度を育てる教育」としている。「キャリア」は生活や人生の中で、どのように「働くこと」を意味づけていくかという、人それぞれの生き方や価値観、勤労観、職業観などと深く結びつきながら、また、具体的な職業や職場などの選択・決定やその過程での諸経験を通して、個々人が時間をかけて徐々に積み上げ、創造していくものである。「キャリア」の形成にとって重要なのは、個々人が自分なりの確固とした勤労観、職業観を持ち、自らの責任で「キャリア」を選択・決定していくことができるよう必要な能力・態度を身につけていくことにある。とりわけ、初等中等教育段階では、キャリアが子どもたちの発達段階やその発達課題の達成と深くかかわりながら段階を追って発達していくこと、つまり、「キャリア発達」を支援していくことが重要となる。このことを踏まえ、本協力者会議においては、「キャリア教育」を「キャリア概念」に基づいて「児童生徒一人一人のキャリア発達を支援し、それぞれにふさわしいキャリアを形成していくために必要な意欲・態度や能力を育てる教育」ととらえている。

キャリア教育を「児童生徒一人一人のキャリア発達を支援し、それぞれにふさわしいキャリアを形成していくために必要な意欲・態度や能力を育てる教育」であると定義しながら、同時に「端的に言えば、児童生徒一人一人の勤労観、職業観を育てる教育」であるとしたことが、「キャリア教育」をもう一つ分かりにくくしてしまうことになりました。

「小学校・中学校・高等学校　キャリア教育推進の手引」

これを解消するためもあってか、「小学校・中学校・高等学校　キャリア教育推進の手引」（２００６年11月）は、副題に「―児童生徒一人一人の勤労観、職業観を育てるために―」が付されています。「手引」の「まえがき」に以下のような記述があります。

初等中等教育におけるキャリア教育の在り方については、学識経験者や経済団体関係者、学校教員等で構成される協力者会議を設け、平成16年1月に「キャリア教育の推進に関する総合的調査研究協力者会議報告書」を公表しました。この中で、キャリア教育は「児童生徒一人一人のキャリア発達を支援し、それぞれにふさわしいキャリアを形成していくために必要な意欲・態度や能力を育てる教育」と定義され、「初等中等教育におけるキャリア教育の推進」が提言されました。

……このような中、文部科学省では、平成16年度には小学校・中学校・高等学校を通じ組織的・系統的なキャリア教育を行うための指導方法・指導内容の開発等を行う「キャリア教育推進地域指定事業」や、平成17年度には産学官の連携による職場体験・インターンシップの推進のためのシステムづくりなど地域の教育力を最大限に活用し、キャリア教育の更なる推進を図るための調査研究を行う「キャリア教育実践プロジェクト」など、様々な施策を実施しているところです。特に、中学校を中心に五日間の職場体験を行う「キャリア・スタート・ウィーク」については、本年度からは、11月を「キャリア・スタート・ウィーク推進月間」とするなど、一層の推進を図ることとしております。

しかしながら、各学校の現状を見ると、キャリア教育の必要性は理解されながらも、その意味付けや受け止め方が多様で、教育課程の見直し、体験活動等の取り組みが十分とは言えない状況であることは否めません。そのような状況に鑑み、このたび、先の「キャリア教育の推進に関する総合的調査研究協力者会議報告書」の内容を、よりわかりやすくする観点から、「キャリア教育推進の手引」を作成いたしました。

〈図 A〉小学校・中学校・高等学校におけるキャリア教育

社会的自立・職業的自立に向けて
―児童生徒一人一人の勤労観、職業観の育成―

キャリア教育の推進

・望ましい勤労観、職業観の育成
・一人一人の発達に応じた指導
・小・中・高を通じた組織的・系統的な取組
・職場体験・インターンシップ等の充実

人間関係形成能力
他者の個性を尊重し、自己の個性を発揮しながら、様々な人々とコミュニケーションを図り、協力・共同してものごとに取り組む

将来設計能力
夢や希望を持って将来の生き方や生活を考え、社会の現実を踏まえながら、前向きに自己の将来を設計する

学ぶこと　生きること　働くこと

情報活用能力
学ぶこと・働くことの意義や役割及びその多様性を理解し、幅広く情報を活用して、自己の進路や生き方の選択に生かす

意思決定能力
自らの意志と責任でよりよい選択・決定を行うとともに、その過程での課題や葛藤に積極的に取り組み克服する

※上記４つの能力については、「職業観・勤労観を育む学習プログラムの枠組み（例）」（平成 14 年 11 月　国立教育政策研究所生徒指導研究センター）における能力を例示した。

この「手引」は、「先の『キャリア教育の推進に関する総合的調査研究協力者会議報告書』の内容を、よりわかりやすくする観点から」作成されたもので、キャリアやキャリア教育については、基本的に報告書の考え方を踏まえています。

冒頭に、「小学校・中学校・高等学校におけるキャリア教育」〈図A〉が掲載され、これで「キャリア教育の推進」の大要を見ることができます。

キャリア教育の目標として、「社会的自立・職業的自立に向けて―児童生徒一人一人の勤労観、職業観の育成―」を示し、キャリア教育推進の内容として、以下をあげています。

●望ましい職業観・勤労観の育成
●一人一人の発達に応じた指導
●小・中・高を通じた組織的・系統的な取組
●職場体験・インターンシップ等の充実

ここで注目されるのは、キャリア教育が「児童生徒一人一人の勤労観、職業観の育成」

〈表 2〉キャリア発達に伴う諸能力（例）

領域	領域説明	能力説明
人間関係形成能力	他者の個性を尊重し、自己の個性を発揮しながら、様々な人々とコミュニケーションを図り、協力・共同してものごとに取り組む。	【自他の理解能力】 自己理解を深め、他者の多様な個性を理解し、互いに認め合うことを大切にして行動していく能力
		【コミュニケーション能力】 多様な集団・組織の中でコミュニケーションや豊かな人間関係を築きながら、自己の成長を果たしていく能力
情報活用能力	学ぶこと・働くことの意義や役割及びその多様性を理解し、幅広く情報を活用して、自己の進路や生き方の選択に生かす。	【情報収集・探索能力】 進路や職業などに関する様々な情報を収集・探索するとともに、必要な情報を選択・活用し、自己の進路や生き方を考えていく能力
		【職業理解能力】 様々な体験等を通して、学校で学ぶことと社会・職業生活との関連や、今しなければならないことなどを理解していく能力
将来設計能力	夢や希望を持って将来の生き方や生活を考え、社会の現実を踏まえながら、前向きに自己の将来を設定する。	【役割把握・認識能力】 生活・仕事上の多様な役割や意義及びその関連等を理解し、自己の果たすべき役割などについての認識を深めていく能力
		【計画実行能力】 目標とすべき将来の生き方や進路を考え、それを実現するための進路計画を立て、実際の選択行動等で実行していく能力
意思決定能力	自らの意志と責任でよりよい選択・決定を行うとともに、その過程での課題や葛藤に積極的に取り組み克服する。	【選択能力】 様々な選択肢について比較検討したり、葛藤を克服したりして、主体的に判断し、自らにふさわしい選択・決定を行っていく能力
		【課題解決能力】 意思決定に伴う責任を受け入れ、選択結果に適応するとともに、希望する進路の実現に向け、自ら課題を設定してその解決に取り組む能力

出典：国立教育政策研究所生徒指導研究センター「児童生徒の職業観・勤労観を育む教育の推進について」から一部改訂

としつつ、それが「社会的自立・職業的自立に向けて」のものであることを示している点で、この「社会的自立・職業的自立」が、後の答申（２０１１年）のキャリア教育の再定義につながっていくことになるのです。

さらに、「キャリア発達に伴う諸能力」〈表２〉として、四つの能力が示されていることが注目されます。人間関係形成能力、情報活用能力、将来設計能力、意思決定能力です。これは既に前述の「児童生徒の職業観・勤労観を育む教育の推進について」に、示されていたものを基にしています。

「端的には児童生徒一人一人の勤労観、職業観を育てる教育」であり、「児童生徒一人一人のキャリア発達を支援し、それぞれにふさわしいキャリアを形成していくために必要な意欲・態度や能力を育てる教育」というキャリア教育の定義は、このような形で具体化されることになったのです。

「手引」は更に、各学校段階におけるキャリア教育として、小学校におけるキャリア教育、中学校におけるキャリア教育、高等学校におけるキャリア教育のモデルをそれぞれ示しており、各段階でキャリア発達課題に対し重点的に育成すべき能力・態度を例示しています。

「情報活用能力を例とした育成すべき能力・態度のレベルの発展性」〈図B〉は、キャリア発達がいかなることと考えられていたかを知る手掛かりとなるでしょう。

ここまで、「キャリア教育の推進に関する総合的調査研究協力者会議　報告書」を中心としつつ、その前後の答申等も見ていくことで、「キャリア教育」のはじまりが何だったのかを見てきました。

「報告書」は「キャリア教育」を「キャリア概念」に基づいて「児童生徒一人一人のキャリア発達を支援し、それぞれにふさわしいキャリアを形成していくために必要な意欲・態度や能力を育てる教育」とし、その後、「手引」で、キャリア教育の目標として、「社会的自立・職業的自立に向けて―児童生徒一人一人の勤労観、職業観の育成―」を、キャリア教育推進の内容として、以下をあげました。

●望ましい職業観・勤労観の育成
●一人一人の発達に応じた指導
●小・中・高を通じた組織的・系統的な取組

〈図 B〉情報活用能力を例とした育成すべき能力・態度のレベルの発展性

（①は情報収集・探索能力、②は職業理解能力【】内は発達課題を表す）

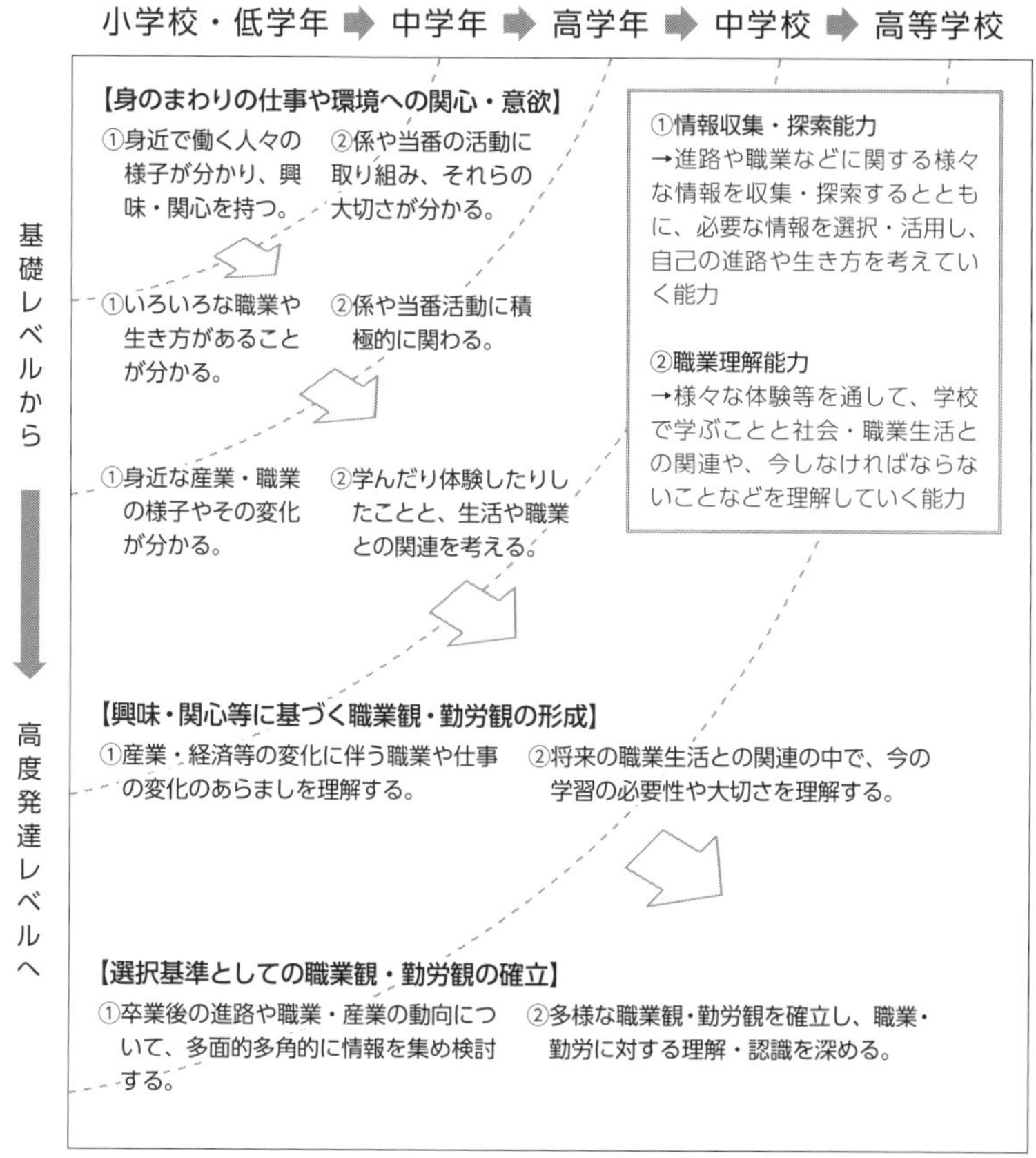
小学校・低学年　中学年　高学年　中学校　高等学校
基礎レベルから
高度発達レベルへ
【身のまわりの仕事や環境への関心・意欲】
①身近で働く人々の様子が分かり、興味・関心を持つ。
②係や当番の活動に取り組み、それらの大切さが分かる。
①いろいろな職業や生き方があることが分かる。
②係や当番活動に積極的に関わる。
①身近な産業・職業の様子やその変化が分かる。
②学んだり体験したりしたことと、生活や職業との関連を考える。
【興味・関心等に基づく職業観・勤労観の形成】
①産業・経済等の変化に伴う職業や仕事の変化のあらましを理解する。
②将来の職業生活との関連の中で、今の学習の必要性や大切さを理解する。
【選択基準としての職業観・勤労観の確立】
①卒業後の進路や職業・産業の動向について、多面的多角的に情報を集め検討する。
②多様な職業観・勤労観を確立し、職業・勤労に対する理解・認識を深める。
①情報収集・探索能力
→進路や職業などに関する様々な情報を収集・探索するとともに、必要な情報を選択・活用し、自己の進路や生き方を考えていく能力
②職業理解能力
→様々な体験等を通して、学校で学ぶことと社会・職業生活との関連や、今しなければならないことなどを理解していく能力

※この図は、４つの能力のうち情報活用能力を取り上げてみたときの小・中・高における育成すべき能力・態度のレベルの発展性を図示したものであり、これ以外の「人間関係形成能力」や「将来設計能力」、「意思決定能力」においても同様にレベルの発展性をとらえることができる。

出典：国立教育政策研究所「小学校・中学校・高等学校 キャリア教育推進の手引―児童生徒一人一人の勤労観、職業観を育てるために―」より

●職場体験・インターンシップ等の充実

「キャリア概念」とは、「キャリア」、「キャリア発達」、「キャリア形成」などをさすのでしょうが、キャリアはともかく、キャリア発達とキャリア形成については、明確な説明がありません。しかも、「キャリア概念」に基づき、「児童生徒一人一人のキャリア発達を支援し、それぞれにふさわしいキャリアを形成していくために必要な意欲・態度や能力を育てる教育」といいながら、「端的には児童生徒一人一人の勤労観、職業観を育てる教育」といい切ってしまっているわけです。

前提となるキャリア概念をあいまいにしたまま、キャリア教育を定義すれば、分かりにくくなる。そこで「端的には児童生徒一人一人の勤労観、職業観を育てる教育」ということになったのでしょうが、それによって、キャリア教育は「勤労観、職業観を育てる教育」と理解される（誤解されるといったほうがいいのかもしれません）ようになりました。キャリア教育の新たな定義を模索し、その方向を見いだしたにも関わらず、分かりにくさを解消するためとはいえ、その一側面にすぎない「勤労観、職業観」に焦点化してしまったことが、学校現場に「キャリア教育」の誤解をもたらすことになったというのは言い過ぎでしょうか。

一方、キャリア発達については、小・中・高各段階でキャリア発達課題に対し重点的に育成すべき能力・態度を例示しています。〈P64―66　表3～5〉

これが各段階で、どのような姿で見られるのかを例示したものが、「職業観・勤労観を育む学習プログラムの枠組み（例）―職業的（進路）発達にかかわる諸能力の育成の視点から―」です。職業的（進路）発達をキャリア発達と理解すれば、これが、キャリア発達過程を整理して示したおそらく最初のものといえるでしょう。これによって、小・中・高の各段階で、子供たちがどのように変容・成長していくのかを具体的に捉えることができるものと考えられたのです。

しかし、個々の項目はあくまで例、例示であるとしていたにも関わらず、学校現場では、その一つ一つが評価項目として用いられ、各段階でのキャリア発達を測定・評価する尺度とされたのでした。測定尺度としての条件が整っていないにも関わらず、キャリア発達評価の尺度と受け止められたことが、教育現場でのキャリア教育を形骸化させる一因となったとも考えられます。

また、「職業観・勤労観を育てる」ことと職場体験が同一視され、「職場体験＝キャリア教育」という誤解を生むことにもなりました。こうしたことを受けて、キャリア教育は見直されることになったのです。

〈表 3〉キャリア発達課題に対し重点的に育成すべき能力・態度（小学校）

発達課題	発達を促すために育成することが期待される能力・態度		
	低学年	中学年	高学年
・自己及び他者への積極的関心の形成・発展	【人間関係形成能力】 ・友達と仲良く遊び､助け合う。 ・あいさつや返事をする。 ・「ありがとう」や「ごめんなさい」を言う。	【人間関係形成能力】 ・自分のよいところを見つける。 ・友達のよいところを認め、励まし合う。 ・自分の意見や気持ちをわかりやすく表現する。 ・友達の気持ちや考えを理解しようとする。 ・友達と協力して、学習や活動に取り組む。	【人間関係形成能力】 ・自分の長所や欠点に気づき、自分らしさを理解する。 ・話し合いなどに積極的に参加し、自分と異なる意見も理解しようとする。 ・思いやりの気持ちを持ち、相手の立場に立って考え行動しようとする。
・身のまわりの仕事や環境への関心・意欲の向上	【人間関係形成能力】 ・お世話になった人などに感謝し親切にする。 【情報活用能力】 ・身近で働く人々の様子が分かり、興味・関心を持つ。 ・係や当番の活動に取り組み、それらの大切さがわかる。 【将来設計能力】 ・家事の手伝いや割り当てられた仕事・役割の必要性が分かる。 ・決められた時間やきまりを守ろうとする。	【人間関係形成能力】 ・自分の生活を支えている人に感謝する。 【情報活用能力】 ・いろいろな職業や生き方があることが分かる。 ・係や当番活動に積極的に関わる。 【将来設計能力】 ・互いの役割や役割分担の必要性が分かる。	【情報活用能力】 ・身近な産業・職業の様子やその変化が分かる。 【将来設計能力】 ・社会生活にはいろいろな役割があることやその大切さが分かる。 【意思決定能力】 ・係活動などで自分のやりたい係、やれそうな係を選ぶ。
・夢や希望、憧れる自己イメージの獲得	【将来設計能力】 ・家事の手伝いや割り当てられた仕事・役割の必要性が分かる。 【意思決定能力】 ・自分の好きなもの、大切なものを持つ。	【将来設計能力】 ・将来の夢や希望を持つ。 【意思決定能力】 ・自分のやりたいこと、よいと思うことなどを考え、進んで取り組む。	【人間関係形成能力】 ・異年齢集団の活動に進んで参加し、役割と責任を果たそうとする。 【将来設計能力】 ・憧れとする職業を持つ。 【意思決定能力】 ・係活動などで自分のやりたい係、やれそうな係を選ぶ。 ・将来の夢や希望を持ち、実現を目指して努力しようとする。
・勤労を重んじ目標に向かって努力する態度の形成	【情報活用能力】 ・係や当番の活動に取り組み、それらの大切さが分かる。 【将来設計能力】 ・家事の手伝いや割り当てられた仕事・役割の必要性が分かる。 【意思決定能力】 ・自分のことは自分で行おうとする。	【人間関係形成能力】 ・自分の生活を支えている人に感謝する。 【情報活用能力】 ・いろいろな職業や生き方があることが分かる。 ・係や当番活動に積極的に関わる。 ・働くことの楽しさがわかる。 【意思決定能力】 ・自分のやりたいこと、よいと思うことなどを考え、進んで取り組む。 ・自分の仕事に対して責任を感じ、最後までやり通そうとする。 ・計画づくりの必要性に気付き、作業の手順がわかる。	【情報活用能力】 ・施設・職場見学等を通し、働くことの大切さや苦労がわかる。 ・学んだり体験したりしたことと、生活や職業との関連を考える。 【将来設計能力】 ・憧れとする職業を持つ。 【意思決定能力】 ・係活動などで自分のやりたい係、やれそうな係を選ぶ。 ・生活や学習上の課題を見つけ、自分の力で解決しようとする。 ・将来の夢や希望を持ち、実現を目指して努力しようとする。

※「職業観・勤労観を育むための学習プログラムの枠組み（例）」（第２章参照）を参考に例示したものである。

〈表4〉キャリア発達課題に対し重点的に育成すべき能力・態度（中学校）

発達課題	発達を促すために育成することが期待される能力・態度	
	低・中学年	中・高学年
・肯定的自己理解と自己有用感の獲得	【人間関係形成能力】 ・新しい環境や人間関係に適応する。 ・自分のよさや個性がわかり、他者のよさや感情を理解し、尊重する。 ・人間関係の大切さを理解し、コミュニケーションスキルの基礎を習得する。 ・自分の言動が相手や他者に及ぼす影響がわかる。	【人間関係形成能力】 ・他者に配慮しながら、積極的に人間関係を築こうとする。 ・リーダーとフォロアーの立場を理解し、チームを組んで互いに支え合いながら仕事をする。 ・自分の悩みを話せる人を持つ。 【将来設計能力】 ・自分の役割やその進め方、よりよい集団活動のための自分の役割やその方法等が分かる。 【意思決定能力】 ・自己の個性や関心に基づいて、よりよい選択をしようとする。
・興味・関心に基づく職業観・勤労観の形成	【情報活用能力】 ・体験等を通して、勤労の意義や働く人々の様々な思いが分かる。 【将来設計能力】 ・将来の夢や職業を思い描き、自分にふさわしい職業や仕事への関心・意欲を高める。 ・様々な職業の社会的役割や意義を理解し、自己の生き方を考える。	【情報活用能力】 ・将来の職業生活との関連の中で、今の学習の必要性や大切さを理解する。 【将来設計能力】 ・自分の役割やその進め方、よりよい集団活動のための自分の役割やその方法等が分かる。 【意思決定能力】 ・課題に積極的に取り組み、主体的に解決していこうとする。
・進路計画の立案と暫定的選択	【情報活用能力】 ・産業・経済の変化に伴う職業や仕事の変化のあらましを理解する。 【将来設計能力】 ・日常の生活や学習と将来の生き方との関係を理解する。 ・様々な職業の社会的役割や意義を理解し、自己の生き方を考える。 ・進路計画を立てる意義や方法を理解し、自分のめざすべき将来を暫定的に立案する。 【意思決定能力】 ・自己の個性や興味・関心等に基づいて、よりよい選択をしようとする。 ・選択の意味や判断・決定の過程、結果には責任が伴うことを理解する。	【情報活用能力】 ・上級学校等の種類や特徴及び職業に求められる資格や学習歴が分かる。 ・係・委員会活動や職場体験等で得たことを、以後の学習や選択に生かす。 【将来設計能力】 ・自分の役割や進め方、よりよい集団活動のための自分の役割やその方法等が分かる。 ・将来の進路希望に基づいて当面の目標を立て、その達成に向けて努力する。 【意思決定能力】 ・教員や保護者と相談しながら、当面の進路を選択し、その結果を受け入れる。 ・課題に積極的に取り組み、主体的に解決していこうとする。
・生き方や進路に関する現実的探索	【情報活用能力】 ・産業・経済の変化に伴う職業や仕事の変化のあらましを理解する。 ・生き方や進路に関する情報を、様々なメディアを通して調査・収集・整理し、活用する。 ・体験等を通して、勤労の意義や働く人々の様々な思いが分かる。 【将来設計能力】 ・様々な職業の社会的役割や意義を理解し、自己の生き方を考える。 ・将来の夢や職業を思い描き、自分にふさわしい職業や仕事への関心・意欲を高める。 ・進路計画を立てる意義や方法を理解し、自分のめざすべき将来を暫定的に立案する。 【意思決定能力】 ・自己の個性や興味・関心等に基づいて、よりよい選択をしようとする。 ・選択の意味や判断・決定の過程、結果には責任が伴うことを理解する。 ・よりよい生活や学習、進路や生き方等をめざして、自ら課題を見出していくことの大切さを理解する。	【情報活用能力】 ・上級学校等の種類や特徴及び職業に求められる資格や学習歴が分かる。 ・必要に応じ、獲得した情報に創意工夫を加え、提示、発表、発信する。 【将来設計能力】 ・将来の進路希望に基づいて当面の目標を立て、その達成に向けて努力する。 【意思決定能力】 ・教員や保護者と相談しながら、当面の進路を選択し、その結果を受け入れる。 ・課題に積極的に取り組み、主体的に解決していこうとする。 ・学習や選択の過程を振り返り、次の場面に生かそうとする。

※「職業観・勤労観を育むための学習プログラムの枠組み（例）」（第2章参照）を参考に例示したものである。

〈表5〉キャリア発達課題に対し重点的に育成すべき能力・態度（高校）

発達課題	発達を促すために育成することが期待される能力・態度	
	低・中学年	中・高学年
・自己理解の深化と自己受容	【人間関係形成能力】 ・新しい環境や人間関係を生かす。 ・互いに支え合い分かり合える友人を得る。 ・自己の思いや意見を適切に伝え、他者の意志等を的確に理解する。 ・異年齢の人や異性等、多様な他者と場に応じた適切なコミュニケーションを図る。 【将来設計能力】 ・学校・社会において自分の果たすべき役割を自覚し、積極的役割を果たす。	【人間関係形成能力】 ・他者の価値観や個性のユニークさを理解し、それを受け入れる。 ・リーダー・フォロアーシップを発揮して、相手の能力を引き出し、チームワークを高める。 【人間関係形成能力】 ・自己の職業的な能力・適性を理化し、それを受け入れて伸ばそうとする。 【意思決定能力】 ・自分を生かし役割を果たしていく上での様々な課題とその解決策について検討する。
・選択基準としての職業観・勤労観の確立	【情報活用能力】 ・職業生活における権利・義務や責任及び職業に就く手続き方法などがわかる。 ・就職後の学習の機会や上級学校卒業時の就職などに関する情報を探索する。 ・調べたことなどを自分の考えを交え、各種メディアを通して発表・発信する。 【意思決定能力】 ・選択の基準となる自分なりの価値観・勤労観を持つ。	【情報活用能力】 ・卒業後の進路や職業・産業の動向について、多面的・多角的に情報を集め検討する。 ・多様な職業観・勤労観を理解し、職業・勤労に対する理解・認識を深める。
・将来設計の立案と社会的移行の準備	【将来設計能力】 ・学校・社会において自分の果たすべき役割を自覚し、積極的役割を果たす。 ・ライフステージに応じた個人的・社会的役割や責任を理解する。 ・将来設計に基づいて、今取り組むべき学習や活動を理解する。 【意思決定能力】 ・選択の基準となる自分なりの価値観・勤労観を持つ。 ・進路希望を実現するための諸条件や課題を理解し、実現可能性について検討する。	【情報活用能力】 ・卒業後の進路や職業・産業の動向について、多面的・多角的に情報を集め検討する。 【将来設計能力】 ・生きがい・やりがいがあり自己を生かせる生き方や進路を現実的に考える。 ・職業についての総合的・現実的な理解に基づいて将来を設計し、進路設計を立案する。 【意思決定能力】 ・多様な選択肢の中から、自己の意志と責任で当面の進路や学習を主体的に選択する。
・進路の現実準備と試行的参加	【情報活用能力】 ・社会規範やマナー等の必要性や意義を体験を通して理解し、習得する。 ・就業等の社会参加や上級学校での学習等に関する探索的・試行的な体験に取り組む。 【将来設計能力】 ・将来設計に基づいて、今取り組むべき学習や活動を理解する。	【人間関係形成能力】 ・自己の職業的な能力・適性を理解し、それを受け入れて伸ばそうとする。 【将来設計能力】 ・将来設計・進路設計の見直し再検討を行い、その実現に取り組む。 【意思決定能力】 ・将来設計、進路設計の実現を目指して課題を設定し、その解決に取り組む。 ・選択結果を受容し、決定に伴う責任を果たす。 ・理想と現実との葛藤経験等を通し、様々な困難を克服するスキルを身に付ける。

※「職業観・勤労観を育むための学習プログラムの枠組み（例）」（第2章参照）を参考に例示したものである。

第三章

キャリア教育の再定義

キャリア教育は、2011（平成23）年の中央教育審議会答申「今後の学校におけるキャリア教育・職業教育の在り方について」で、見直され、再定義されることになりました。

答申は、以下のような構成です。

序　章　若者の「社会的・職業的自立」や「学校から社会・職業への移行」を巡る経緯と現状
第1章　キャリア教育・職業教育の課題と基本的方向
第2章　発達の段階に応じた体系的なキャリア教育の充実方策
第3章　後期中等教育におけるキャリア教育・職業教育の充実方策
第4章　高等教育におけるキャリア教育・職業教育の充実方策
第5章　生涯学習の観点に立ったキャリア形成支援の充実方策
第6章　キャリア教育・職業教育の充実のための様々な連携の在り方

答申の概要が、以下に示されています。

今後の学校におけるキャリア教育・キャリア教育の在り方について　概要

キャリア教育・職業教育の課題と基本的方向性

1．若者の現状・・・大きな困難に直面

産業構造や就業構造の変化、職業に関する教育に対する社会の認識、子ども・若者の変化等、**社会全体を通じた構造的問題が存在。**

◆「学校から社会・職業への移行」が円滑に行われていない。

- 完全失業率　約9%
- 非正規雇用率　約32%
- 無業者　約63万人
- 早期離職　高卒4割、大卒3割、短大等卒4割

◆「社会的・職業的自立」に向けて様々な課題が見られる。

- コミュニケーション能力等職業人としての基本的能力の低下
- 職業意識・職業観の未熟さ
- 進路意識・目的意識が希薄な進学者の増加

若者個人のみの問題ではなく、社会を構成する各界が互いに役割を認識し、一体となり対応することが必要。

その中で、学校教育は、重要な役割を果たすものであり、キャリア教育・職業教育を充実していかなければならない。

2．キャリア教育・職業教育の基本的方向性

キャリア教育

一人一人の社会的・職業的自立に向け、必要な基盤となる能力や態度を育てることを通して、キャリア(注1)発達を促す教育

- 幼児期の教育から高等教育まで、発達の段階に応じ体系的に実施
- 様々な教育活動を通じ、基礎的・汎用的《はんよう》能力(注2)を中心に育成

職業教育

一定又は特定の職業に従事するために必要な知識、技能、能力や態度を育てる教育

- 実践的な職業教育を充実
- 職業教育の意義を再評価することが必要

生涯学習の観点に立ったキャリア形成支援

生涯にわたる社会人・職業人としてのキャリア形成（社会・職業へ移行した後の学習者や、中途退学者・無業者等）を支援する機能を充実することが必要

家庭、地域・社会、企業、経済団体・職能団体、NPO等と連携
各界が各々役割を発揮し、一体となった取組が重要

（注1）キャリア：人が、生涯の中で様々な役割を果たす過程で、自らの役割の価値や自分と役割との関係を見いだしていく連なりや積み重ね
（注2）基礎的・汎用的能力：①人間関係形成・社会形成能力 ②自己理解・自己管理能力 ③課題対応能力 ④キャリアプランニング能力

発達の段階に応じた体系的なキャリア教育

1．基本的な考え方と充実方策

（1）基本的な考え方

① 社会的・職業的自立に向けて必要な基盤となる能力・態度を育成する、幼児期の教育から高等教育までの体系的な取組

② 子ども・若者一人一人の発達状況の的確な把握ときめ細かな支援

③ 能力や態度の育成を通じた勤労観・職業観等の価値観の自己形成・自己確立

（2）充実方策

① **教育方針の明確化と教育課程への位置付け**

② **重視すべき教育内容・教育方法と評価・改善**
- 多様で幅広い他者との人間関係形成等のための場や機会の設定
- 経済・社会の仕組みや労働者としての権利・義務等についての理解の促進
- 体験的な学習活動の効果的な活用
- キャリア教育における学習状況の振り返りと、教育活動の評価・改善の実施

③ **教職員の意識・指導力向上と実施体制の整備**

2．各学校段階の推進の主なポイント

幼児期
自発的・主体的な活動を促す

小学校
社会性、自主性・自律性、関心・意欲等を養う

中学校
社会における自らの役割や将来の生き方・働き方等を考えさせ、目標を立てて計画的に取り組む態度を育成し、進路の選択・決定に導く

後期中等教育
後期中等教育修了までに、生涯にわたる多様なキャリア形成に共通して必要な能力や態度を育成
またこれを通じ、勤労観・職業観等の価値観を自ら形成・確立する

高等教育
後期中等教育修了までを基礎に、学校から社会・職業への移行を見据え、教育課程の内外での学習や活動を通じ、高等教育全般においてキャリア教育を充実する

特別支援教育
個々の障害の状態に応じたきめ細かい指導・支援の下で行う

P69-71 出典：文部科学省中央教育審議会答申

後期中等教育におけるキャリア教育・職業教育

1．課題と基本的な考え方

（1）課題

高等学校 普通科

進路意識・目的意識が希薄
他学科に比べ厳しい就職状況

高等学校 専門学科

約半数が進学する高等教育との接続を視野に入れた職業教育の充実
専門的な知識・技能の高度化や職業の多様化

高等学校 総合学科

生徒の安易な科目選択、教職員の負担
教職員や中学生・保護者の理解が不十分

特別支援学校 高等部

厳しい就職状況（卒業者のうち就職割合は2割強）

専修学校 高等課程

生徒の実態を踏まえた多様な学習ニーズへの対応

（2）基本的な考え方

卒業時の主な年齢である１８歳は、社会人・職業人としての自立が迫られる時期

生涯にわたる多様なキャリア形成に共通して必要な能力・態度を育成、勤労観・職業観等を自ら形成・確立

2．各後期中等教育機関における推進の主なポイント

高等学校（特に普通科）におけるキャリア教育

・キャリア教育の中核となる教科等の明確化の検討
・就業体験活動の効果的な活用
・普通科における職業科目の履修機会の確保
・進路指導の実践の改善・充実

高等学校 専門学科における職業教育

・基礎的・基本的な知識・技能の定着と問題解決能力等の育成
・長期実習等、実践的な教育活動の実施、実務経験者の登用
・地域や産業圏との密接な連携による学科整備・教育課程編成
・専攻科の在り方と高等教育機関との接続
（具体的基準等の明確化、高等教育機関への編入学等の検討）

高等学校 総合学科

・目的意識等を持たせる教育活動の充実
・中学生・保護者や教職員の理解促進
・多様な学習機会を保障するための教員配置等条件整備

特別支援学校 高等部

・就業につながる職業教育に関する教育課程の見直し
・就業に向けた支援方法の開発、職場体験活動の機会拡大
・専攻科の在り方と高等教育機関との接続

専修学校 高等課程

・幅のある知識・技能や基礎的・汎用的能力の育成
・「単位制学科」や「通信制学科」の制度化の検討

高等教育におけるキャリア教育・職業教育

1．課題と基本的な考え方

（1）課題

・高等教育進学率は約8割に達し、多くの若者にとって、社会に出る直前の教育段階。社会・職業への移行を見据えた教育の改善・充実

・実践的な職業教育の充実や生涯学習ニーズを含む多様なニーズへの対応

（2）基本的な考え方

〔キャリア教育〕

・自らの視野を広げ、進路を具体化し、それまでに育成した社会的・職業的自立に必要な能力や態度を、専門分野の学修を通じて伸長・深化させていく

・キャリア教育の方針の明確化と、教育課程の内外を通じた体系的・総合的な教育の展開

・体験的な学習活動の効果的な活用

〔職業教育〕

・自立した職業人を育成する職業教育の重要性を踏まえた高等教育の展開

・各教育機関が果たす役割・機能の明確化と、それぞれの特性をいかした職業教育の充実

・産業界との連携・対話による、求められる人材像・能力の共有と、職業に必要な能力を育成する教育の充実

2．各高等教育機関における推進の主なポイント

大学・短期大学

・教育課程の内外を通じて社会的・職業的自立に向けた指導等に取り組むための体制整備（設置基準改正。平成23年度から実施）を踏まえた取組の実施
・各大学・短期大学の機能別分化の下、養成する人材像・能力を明確化した職業教育の充実、実践的な教育の展開
・生涯学習ニーズ等への対応

高等専門学校

・発達の段階に応じたきめ細かいキャリア教育の段階的実施
・専攻科の位置付けの明確化と大学院接続の円滑化の検討
・専攻科所定単位取得者に対する学位授与の円滑化の検討

専門学校

・早期から十分な職業理解や目的意識を持たせた上での一人一人のキャリア形成支援
・「単位制学科」や「通信制学科」の制度化の検討

3．職業実践的な教育に特化した枠組み

①新たな学校種の創設、②既存の高等教育機関における活用を念頭に今後詳細に検討

企業等と密接な連携を図り、最新の実務の知識・経験を教育内容・方法に反映

〈教育課程〉 企業等との連携による編成・改善
〈授業方法〉 演習型授業（実験・実習・実技等）を多く実施
〈教員資格〉 実務卓越性を重視

高等教育における「職業実践的な教育に特化した枠組み」の検討

高等教育における職業教育の充実方策の一つとして、
卓越した又は熟達した実務経験を基盤として実践的な知識・技術等を教授する、「職業実践的な教育に特化した枠組み」の整備が考えられる。①新たな学校種の創設、②既存の高等教育機関における活用、を念頭に、今後詳細な検討が必要。

1．検討の必要性

・自立した職業人の育成や社会・職業への円滑な移行、学生・生徒の多様な職業教育ニーズ、様々な職業・業種の人材需要にこたえるため、**職業教育の重要性を踏まえた高等教育の展開が必要**

・若者や就業者等の中には、生涯の中において、**実務経験を主な基盤にした実践的な知識・技術等の教授を中心とする職業教育を受けることにより、様々な可能性を切り開いていくことができる者が少なからず存在すると考えられる**

（考慮すべき観点）
・我が国の経済成長を支える「人づくり」への対応
・生涯にわたる学習活動と職業生活の両立
・教育の質の保証
・進路選択の拡大と職業実践的な教育の適切な評価

2．構想の概略

【目的と特徴】

卓越した又は熟達した実務の知識・経験に基づく高度の専門的かつ実際的な知識・技術等を教授し、職業に必要な実践的な能力を育成。**企業等と密接な連携を図り、最新の実務の知識・経験を教育内容・教育方法に反映**した教育を実施。

生涯学習環境の整備の観点も重視。

＜入学資格＞　高等学校等の後期中等教育修了者
＜修業年限＞　2年～4年（分野の特性や対象者等に応じ柔軟に設定）
＜教育課程＞　企業や経済団体・職能団体等との連携により編成・改善する組織体制を確保
＜授業方法＞　職業実践的な演習型授業（実験・実習・実技等）を一定程度（4～5割程度）実施
＜教員資格＞　実務卓越性を重視
＜第三者評価＞　産業界等の関与を十分に確保
＜設置者＞　国、地方公共団体、学校法人

キーワードは、「社会的・職業的自立」「学校から社会・職業への移行」「後期中等教育におけるキャリア教育・職業教育」「高等教育におけるキャリア教育・職業教育」「生涯学習」です。
「社会的・職業的自立」「学校から社会・職業への移行」というキャリア教育の課題が、キャリア教育・職業教育のセットで、生涯学習の枠組みのなかに位置付けられ、それまでのキャリア教育の在り方が見直され、再定義されることになったのです。

特に、答申の第1章キャリア教育・職業教育の課題と基本的方向の（1）「キャリア教育」の内容と課題の、次の部分が重要です。

○人は、他者や社会とのかかわりの中で、職業人、家庭人、地域社会の一員等、様々な役割を担いながら生きている。これらの役割は、生涯という時間的な流れの中で変化しつつ積み重なり、つながっていくものである。また、このような役割の中には、所属する集団や組織から与えられたものや日常生活のなかで特に意識せずに習慣的に行っているものもあるが、人はこれらを含めた様々な役割の関係や価値を自ら判断し、取捨選択や創造を重ねながら取り組んでいる。
○人は、このような自分の役割を果たして活動すること、つまり「働くこと」を通して、人や社会にかかわることになり、そのかかわり方の違いが「自分らしい生き方」となっていくものである。
○このように、人が、生涯の中で様々な役割を果たす過程で、自らの役割の価値や自分と役割との関係を見出していく連なりや積み重ねが、「キャリア」の意味するところである。このキャリアは、ある年齢に達すると自然に獲得されるものではなく、子ども・若者の発達の段階や発達課題の達成と深くかかわりながら段階を追って発達していくものである。また、その発達を促すには、外部からの組織的・体系的な働きかけが不可欠であり、学校教育では、社会人・職業人として自立していくために必要な基盤となる能力や態度を育成することを通じて、一人一人の発達を促していくことが必要である。
○このような一人一人の社会的・職業的自立に向け、必要な基盤となる能力や態度を育てることを通して、キャリア発達を促す教育が「キャリア教育」である。それは、特定の活動や指導方法に限定されるものではなく、様々な教育活動を通して実践される。キャリア教育は、一人一人の発達や社会人・職業人としての自立を促す視点から、変化する社会と学校教育との関係性を特に意識しつつ、学校教育を構成していくための理念と方向性を示すものである。

また、キャリア教育の実施に当たっては、社会や職業にかかわる様々な現場における体験的な学習活動の機会を設け、それらの体験を通して、子ども・若者に自己と社会の双方についての多様な気づきや発見を得させることが重要である。

○キャリア教育の必要性や意義の理解は、学校教育の中で高まってきており、実践の成果も徐々に上がっている。

しかしながら、「新しい教育活動を指すものではない」としてきたことにより、従来の教育活動のままでよいと誤解されたり、「体験活動が重要」という側面のみをとらえて、職場体験活動の実施をもってキャリア教育を行ったものとみなしたりする傾向が指摘されるなど、一人一人の教員の受け止め方や実践の内容・水準に、ばらつきがあることも課題としてうかがえる。

○このような状況の背景には、キャリア教育のとらえ方が変化してきた経緯が十分に整理されてこなかったことも、一因となっていると考えられる。このため、今後、上述のようなキャリア教育の本来の理念に立ち返った理解を共有していくことが重要である。

ここでまず、「キャリアの意味するところ」について丁寧に説明したうえで、キャリア教育について、「このような一人一人の社会的・職業的自立に向け、必要な基盤となる能力や態度を育てることを通して、キャリア発達を促す教育」と定義されます。

「キャリア」については、2004（平成16）年の文部科学省「報告書」の「個々人が生涯にわたって遂行する様々な立場や役割の連鎖及びその過程における自己と働くこととの関係づけや価値づけの累積」を、「……このように、人が、生涯の中で様々な役割を果たす過程で、自らの役割の価値や自分と役割との関係を見出していく連なりや積み重ねが、「キャリア」の意味するところである」と説明しています。

そのうえで、キャリア教育については、文部科学省「報告書」が、端的には「児童生徒一人一人の勤労観、職業観を育てる教育」、「キャリア」概念に基づき、「児童生徒一人のキャリア発達を支援し、それぞれにふさわしいキャリアを形成していくために必要な意欲・態度や能力を育てる教育」と定義付けたものを、「このような一人一人の社会的・職業的自立に向け、必要な基盤となる能力や態度を育てることを通して、キャリア発達を促す教育」としています。

キャリアについてもキャリア教育についても、文部科学省「報告書」と中央教育審議会答申で、根本的に違っているということではありません。より平易な表現になったということでしょうか。ただ、キャリア教育については、文部科学省「報告書」の「それぞれにふさわしいキャリアを形成していく」が、中央教育審議会答申では「一人一人の社会的・職業的自立に向け」となっている点は注目しなければならないところです。

「社会的・職業的自立」は、これまでの報告書や手引の中で、既に取りあげられてきたことで、ことさら新しいというわけではありませんが、これを中核としたことが、中央教育審議会答申のキャリア教育の定義の特徴です。「それぞれにふさわしいキャリア形成」の不明瞭さを「一人一人の社会的・職業的自立」と端的に表現することで、キャリア教育のいわば目標点が示されたということで、これはやはりキャリア教育の再定義というべきものです。

さらに中央教育審議会答申は、「3．キャリア教育・職業教育の方向性を考える上での視点」として、「(2) 社会的・職業的自立、学校から社会・職業への円滑な移行に必要な力の明確化」をあげています。〈図C〉

〈図C〉「社会的・職業的自立、社会・職業への円滑な移行に必要な力」の要素

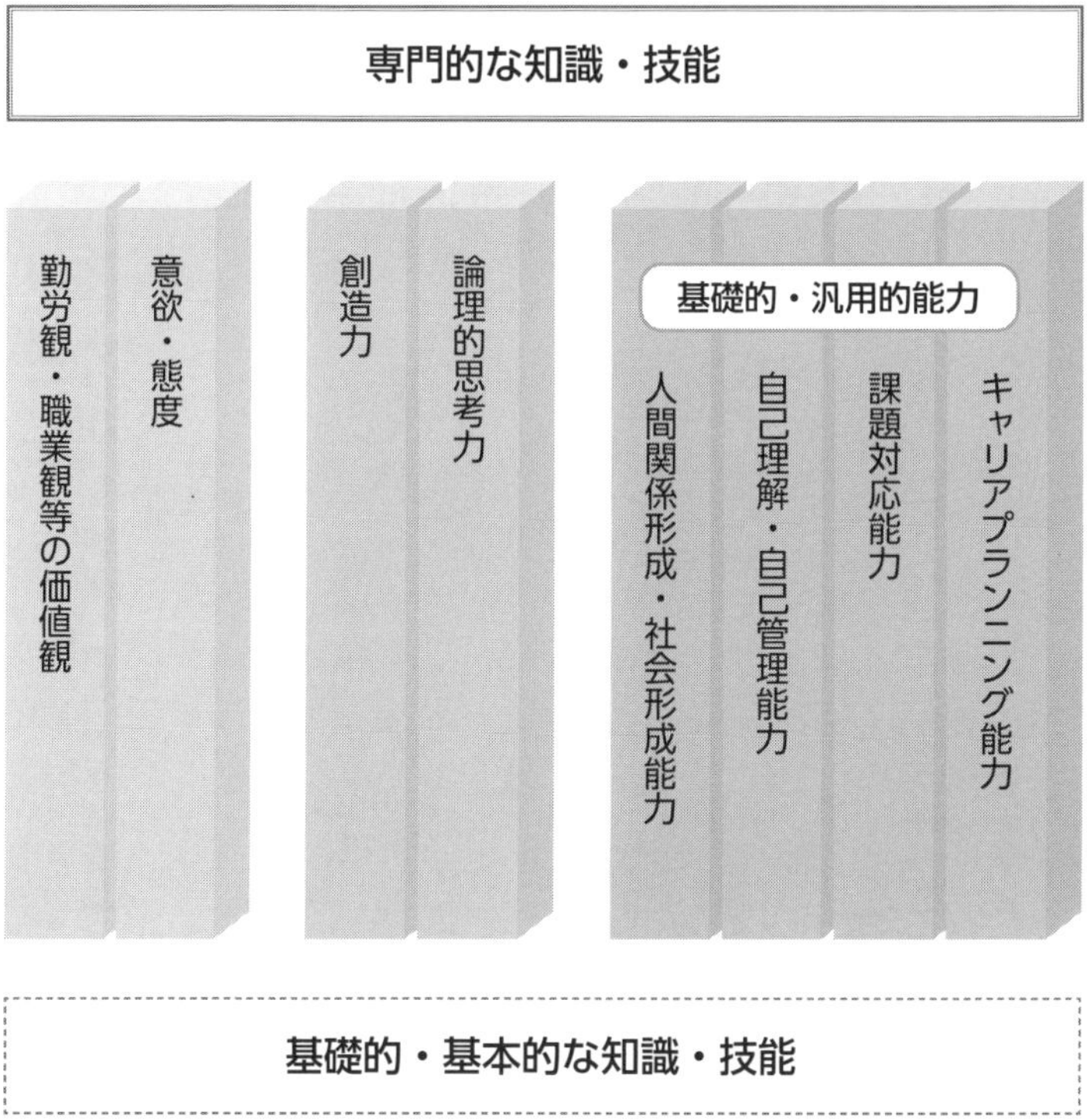

出典：文部科学省中央教育審議会答申

・社会的・職業的自立、学校から社会・職業への円滑な移行に必要な力の要素

○これらの意見を踏まえつつ、社会的・職業的自立、学校から社会・職業への円滑な移行に必要な力に含まれる要素としては、次などで構成されるものと考える。

◆基礎的・基本的な知識・技能
◆基礎的・汎用的能力
◆論理的思考力、創造力
◆意欲・態度及び価値観
◆専門的な知識・技能

○基礎的・汎用的能力は、分野や職種にかかわらず、社会的・職業的自立に向けて必要な基盤となる能力であると考える。例えば、企業が新規学卒者に期待する力は、就職の段階で「即戦力」といえる状態まで学校教育を通じて育成することをもとめているわけではなく、一般的には「コミュニケーション能力」「熱意・意欲」「行動力・実行力」等の基礎的な能力等を挙げることが多い。社会人・職業人に必要とされる基礎的な能力と現在学校教育で育成している能力との接点を認識し、これらの能力育成をキャリア教育の視点に取り込んでいくことは、学校と社会・職業との接続を考える上で意義がある。

・基礎的・汎用的能力の内容

○基礎的・汎用的能力の具体的内容については、「仕事に就くこと」に焦点をあて、実際の行動として表れるという観点から、「人間関係形成・社会形成能力」「自己理解・自己管理能力」「課題対応能力」「キャリアプランニング能力」の4つに整理した。

○これらの能力は、包括的な能力であり、必要な要素をできる限り分かりやすく提示するという観点でまとめたものである。この4つの能力は、それぞれが独立したものではなく、相互に関連・依存した関係にある。このため、特に順序があるものではなく、また、これらの能力をすべての者が同じ程度あるいは均一に身に付けることを求めるものではない。
○これらの能力をどのようなまとまりで、どの程度身に付けさせるかは、学校や地域の特色、専攻分野の特性や子ども・若者の発達の段階によって異なると考えられる。各学校においては、この４つの能力を参考にしつつ、それぞれの課題を踏まえて具体の能力を設定し、工夫された教育を通じて達成していくことが望まれる。その際、初等中等教育の学校では、新しい学習指導要領を踏まえて育成されるべきである。

（ア）人間関係形成・社会形成能力

「人間関係形成・社会形成能力」は、多様な他者の考えや立場を理解し、相手の意見を聴いて自分の考えを正確に伝えることができるとともに、自分の置かれている状況を受け止め、役割を果たしつつ他者と協力・協働して社会に参画し、今後の社会を積極的に形成することができる能力である。

この能力は、社会とのかかわりの中で生活し仕事をして行く上で、基礎となる能力である。特に、価値の多様化が進む現代社会においては、性別、年齢、個性、価値観等の多様な人材が活躍しており、様々な他者を認めつつ協働していく力が必要である。また、変化の激しい今日においては、既存の社会に参画し適応しつつ、必要であれば自ら新たな社会を創造・構築していくことが必要である。さらに、人や社会とのかかわりは、自分に必要な知識や技能、能力、態度を気づかせてくれるものでもあり、自らを育成する上でも影響を与えるものである。具体的な要素としては、例えば、他者の個性を理解する力、他者に働きかける力、コミュニケーション・スキル、チーム・ワーク、リーダーシップ等があげられる。

（イ）自己理解・自己管理能力

「自己理解・自己管理能力」は、自分が「できること」「意義を感じること」「したいこと」について、社会との相互関係を保ちつつ、今後の自分自身の可能性を含めた肯定的な理解に基づき主体的に行動すると同時に、自らの思考や感情を律し、かつ、今後のために進んで学ぼうとする力である。

この能力は、子どもや若者の自信や自己肯定感の低さが指摘される中、「やればできると考えて行動できる力である。また、変化の激しい社会にあって多様な他者との協働が求められている中では、自らの素行や感情を律する力や自らを研さんする力がますます重要である。これらは、キャリア形成や人間関係形成における基盤となるものであり、とりわけ自己理解能力は、生涯にわたり多様なキャリアを形成する過程で常に深めていく必要がある。具体的な要素としては、例えば、自己の役割の理解、前向きに考える力、自己の動機付け、忍耐力、ストレスマネジメント、主体的行動等があげられる。

(ウ) 課題対応能力

「課題対応能力」は、仕事をする上での様々な課題を発見・分析し、適切な計画を立ててその課題を処理し、解決することができる力である。

この能力は、自らが行うべきことに意欲的に取り組む上で必要なものである。また、知識基盤社会の到来やグローバル化等を踏まえ、従来の考え方や方法にとらわれずに物事を前に進めていくために必要な力である。さらに、社会の情報化に伴い、情報及び情報手段を主体的に選択し活用する力を身に付けることも重要である。具体的な要素としては、情報の理解・選択・処理等、本質の理解、原因の追究、課題発見、計画立案、実行力、評価・改善等があげられる。

（エ）キャリアプランニング能力

「キャリアプランニング能力」は、「働くこと」の意義を理解し、自らが果たすべき様々な立場や役割との関連を踏まえて「働くこと」を位置づけ、多様な生き方に関する様々な情報を適切に取捨選択・活用しながら、自ら主体的に判断してキャリアを形成していく力である。

この能力は、社会人・職業人として生活していくために生涯にわたって必要となる能力である。具体的な要素としては、例えば、学ぶこと・働くことの意義や役割の理解、多様性の理解、将来設計、選択、行動と改善等があげられる。

ここでいう「基礎的・汎用的能力」は、かつてキャリア発達に関わる「4つの能力」として取りあげられたものの再構成といえなくもありませんが、「基礎的・汎用的能力は、分野や職種に関わらず、社会的・職業的自立に向けて必要な基盤となる能力であると考えられています。例えば、企業が新規学卒者に期待する力は、就職の段階で「即戦力」といえる状態まで学校教育を通じて育成することを求めているわけではなく、一般的には「コミュニケーション能力」「熱意・意欲」「行動力・実行力」等の基礎的な能力をあげることが多い。社会人・職業人に必要とされる基礎的な能力と現在学校教育で育成している能力との接点を認識し、これらの能力育成をキャリア教育の視点に取り込んでいくことは、学校と社会・職業との接続を考える上で意義がある。」という記述からすれば、より一層、社会的・職業的自立への関連を強めたものとなっているといえるでしょう。

「4能力」との違いは、この基礎的・汎用的能力が「社会的・職業的自立、社会・職業への円滑な移行に必要な力」の一環として位置付けられているということです。「これらの能力育成をキャリア教育の視点に取り込んでいく」ことになったのです。

こうしてキャリア教育はようやくその形と内容を整えることになったのです。しかし、よく考えてみると、それは1999（平成11）年の「接続答申」で示されたキャリア教育に回帰したものともいえるのです。「接続答申」のキャリア教育は「望ましい職業観・勤労観及び職業に関する知識や技能を身に付けさせるとともに、自己の個性を理解し、主体的に進路を選択する能力・態度を育てる教育」と定義され、一見、進路指導とほとんど同じようにも思われますが、進路指導の中心である「自己の個性を理解し、主体的に進路を選択する能力・態度を育てる」の前に、「望ましい職業観・勤労観及び職業に関する知識や技能を身に付けさせる」がおかれていました。つまり、「キャリア教育＝進路指導＋職業観・勤労観＋職業教育」ということですが、この再定義のキャリア教育の基本的構造も、まさにそうなっていると私は思います。キャリア教育は、「接続答申」から20年近くをかけて、ようやくその姿を明確化したというわけです。

しかし、「キャリア教育＝進路指導＋職業観・勤労観＋職業教育」で、本当にいいのでしょうか。これでは、進路指導、職業観・勤労観、職業教育のどれか一つがゼロであっても、あるいはそのうちの一つだけであっても、イコールキャリア教育ということになりはしないでしょうか。「職場体験＝キャリア教育」という誤りの源は、この「キャリア教育＝進路指導＋職業観・勤労観＋職業教育」という定式にあります。そうではなく、「キャリア教育＝進路指導×職業観・勤労観×職業教育」でなければなりません。三つのうちのどれが欠けてもキャリア教育は成り立たないのです。このことをしっかり確認しておくことが、今後のキャリア教育の基本だと思います。

第四章

キャリア教育が踏まえておかねばならないいくつかの基礎的事項

かつて「進路指導に理論なし」と揶揄された進路指導だが、今日に至る発展の中で、いくつかの理論に支えられ、また理論を構築してきた。進路の選択・決定、個性の伸長、自己理解、自己実現、職業的（進路）発達、……。

これらはいずれも、その基礎に一定の理論的基礎をもった概念である。進路指導はこれらの理論によって支えられ、また、その実践を通して、これらの概念を精緻化してきた。しかし、これらの概念あるいは用語が、その理論的基盤を離れて使われると、そこに個々人の個人的理解が加わり、共通理解が困難になるおそれがある。したがって、進路指導を理解しようとするとき、進路指導に関する理論的な基礎を確認し、共通の理解を持つことが重要である。

これは、かつて、私が『入門進路指導・相談』（2000年）の「進路指導の基礎理論」に書いたものです。この「進路指導」をキャリア教育（進路指導）と読みかえてもいいだろうと思います。

そこで、以下、キャリア教育が踏まえておかねばならないいくつかの基礎的事項・用語をとりあげてみていくことにします。

資質・能力

資質・能力はキャリア教育（進路指導）だけに関わる事項・用語ではありません。それは教育そのものと不可分のものです。教育学博士の本田由紀氏は、2020年に資質・能力、態度といった言葉が、どのように使われ、意味変容してきたかを論じています。本田氏は、資質は「資質を啓培する」というように、「教育が目指すべき方向・理念として掲げられる、より抽象度の高い言葉であった」といいます。一方、能力については、「戦前期における「能力」の意味内容は、（様々な具体的な諸能力↓（知識と対比されるひとまとめの）「日本で『メリトクラシー』を語る際に用いられる『能力主義』および『能力』という『能力』↓（測定でき、生得的で、上下があり、それに従った処遇を受けるべき）『能力』という形で変遷を遂げてきた」といいます。能力という言葉は、

①生得的な要素と後天的に獲得された要素を区別しないこと
②個人に内在する性質を意味していること
③「○○能力」と限定せずに「能力」のみで用いられる場合、人間の全般的かつ総合的な性質を意味するため、一元的な高低を想起させること

「○○能力」と限定して用いられる場合であっても「○○」に入る言葉の抽象性が高ければ（例えば「コミュニケーション」や「問題解決」など）、同様に全般的で総合的な高低という意味をともなう」ものということです。

資質・能力については、国立教育政策研究所が、「資質・能力を育成する教育課程の在り方に関する研究」（2014〜2016年）で、次のようにまとめています。

資質・能力の定義については、それをどう見るかと関係して複雑なものにならざるをえません。しかし、ここでは今まで議論してきたように教育の質を向上させようとする観点から簡単にまとめておきましょう。

○資質・能力＝学び始めには学習に使う手段、学び終わりでは学習内容も含みこんだ次の学習のための手段。したがって、方法知でありつつ、内容知も含みこんだもの。

○資質・能力＝知識の質向上のために必要不可欠な手段かつ目標。「手段」とは、知識の質を上げるために資質・能力を使うことが必要不可欠であること、そして、「目標」とは質の上がった知識やそれらを統合したものの見方・考え方、知識を仲間とともに作り替えられるという態度等を含みこんだ資質・能力が目標となることを意味する。

○資質・能力＝「資質」を中心に人格（価値・態度等）に関わるもの（なお、この際、価値を教えて子供の「資質・能力」に組み込むか、あるいは、価値は学ぶ対象にしておいて、その受容は子供の判断に任せるかは重要な検討課題）。

以上より、資質・能力を学び終わったときに、（人が学び終わるときはないでしょうから、あくまで仮の姿ですが）身につくものと想定した場合には、「知識だけではなく、スキル、さらに態度を含んだ人間の能力」等と定義されます。

……問題は、いかなる資質・能力を学びの手段として位置づけ、学校教育の中での現実的な達成目標として身定めるかです。

進路指導（キャリア教育）における「能力」とは、進路指導の定義の「……進路を計画・選択し、就職または進学し、さらにその後の生活によりよく適応し、進歩する能力を伸長すること」に見られる「能力」でしょう。文部省委託研究「職業教育及び進路指導に関する基礎的研究」（１９９６〜１９９７年）は、「能力（competency）」について、次のように述べています。

> competencyとは、一般には能力と訳されるが、「ある課題への対処能力のことで、訓練によって習熟するもの」という意味を内包している。語源を探るとラテン語のcompetoであり、「一緒に追求する、共同で得ようと努力する」とか「あることをなすことができる、資格がある、十分間に合う」との意味である。この言葉を用いる背景には、「できるかどうか」、「可能性があるかどうか」という個人の現能力を重視する姿勢ではなく、「訓練で習熟させられる」、「一緒に努力すればできるようになる」という「育成」の姿勢がある。……ちなみにcompetentとは「自信をもてる」ことである。児童生徒が「やればできると感じ、自信がもてるようになる」ことがcompetency-based（育成する能力を基盤とした）の効果といえるであろう。

ここでの「能力」は単に「○○ができる」という個人の現能力ではなく、competency

として「訓練で習熟させられる」「努力すればできるようになる」という、意欲や自信、訓練や育成の意味合いをこめた言葉となっています。この「育成すべき能力(competency)」についてまとめ、整理したのが、「キャリア発達プログラム構造化モデル」「職業教育及び進路指導に関する基礎的研究」です。そして、これが後に「4領域8能力」として、さらに、2011（平成23）年の中央教育審議会答申で、「基礎的・汎用的能力」が提唱されることになったのです。

この答申では、「基礎的・汎用的能力」の内容について、次のように述べています。

基礎的・汎用的能力の具体的内容については、「仕事につくこと」に焦点を当て、実際の行動として表れるという観点から、「人間関係形成・社会形成能力」「自己理解・自己管理能力」「課題対応能力」「キャリアプランニング能力」の4つの能力に整理した。

これらの能力は、包括的な能力概念であり、必要な要素をできる限りわかりやすく提示するという観点でまとめたものである。この4つの能力は、それぞれに独立したものではなく、相互に関連・依存した関係にある。このため、特に順序があるものではなく、また、これらの能力をすべての者が同じ程度あるいは均一に身に付けることを求めるものではない。

適性

一般に、適性とは、所与の訓練や練習によってある特定の活動を効果的に遂行しうる潜在的能力の徴候が、個人の中に存在している状態または傾向をいいます。「能力」が何らかの活動や動作、作業が今の時点で「できること」をとりあげるのに対して、「適性」はそれらが将来的に「できるようになる可能性」をとりあげた概念です。

職業適合性

アメリカの経営学者でキャリア研究家のドナルド・E・スーパー氏は、こうした一般的な考え方を踏まえながら、職業選択における個人的、心理的決定要因を統合して「職業適合性」〈P96　図D〉の概念を提唱しました。ここでいう「職業適合性」とは、職業の選択・決定の際、個人の諸特性が特定の職業、仕事に適合するかどうかを総合的・全体的に判断するよりどころで、いわば広義の適性にあたります。

図に示すように、「職業適合性（Vocational fitness）」は、「能力（Ability）」と「人格（Personality）」とに大別され、前者はさらに「適性（Aptitude）」と「技量（Proficiency）」、後者は「適応（Adjustment）」「価値観（Values）」「興味（Interest）」「態度（Attitude）」などが含まれます。ここで重要なのは、適性には能力的側面と非能力的側面とがあるということです。

適性の対象性

適性について、もう一つ重要なことは、それが一定の活動や動作、作業に対してどうかという、いわば「対象性」をもつということです。何に対しても適しているという万能なものではなく、特定の対象（目標）に対する関係を捉えようとするのです。自分の適性が

〈図 D〉職業適合性

- Vocational Fitness 職業適合性
  - Ability 能力
    - Aptitude 適正
      - Intelligence 知能（ことばの推理／数の推理／抽象的推理）
      - Spatial Visualization（空間視覚化）
      - Perceptual Speed-Accuracy（知覚の速さ・正確さ）
      - Psycho-motor（精神運動機能）
      - （未開発のもの）
      - （未開発のもの）
    - Proficiency 技量
      Achievement 学力
      Skill 技能
  - Personality パーソナリティ
    - Adjustment 適応
      - Needs 欲求
      - Traits 特質
    - Values 価値観
    - Interest 興味
    - (Attitude 態度)

出典：日本職業指導協会（1969）

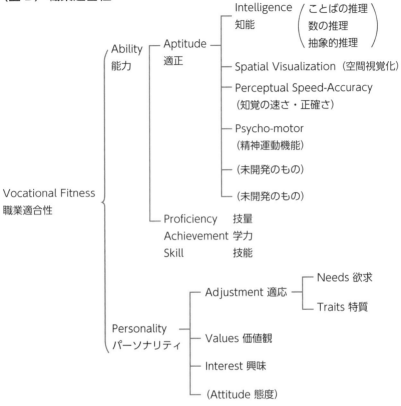

分からないという時、適性が分からないのではなく、その対象（目標）がはっきりしていないことも多いのです。

適性処遇交互作用

適性を考えるうえで、もう一つ大事なことは、教育心理学で提唱された「適性処遇交互作用（Aptitude Treatment Interaction）」の考え方です。学習者の「適性」と「処遇（指導法）」には交互作用があり、両者の組み合わせによって学習効果が異なるというものです。すべての学習者に適した教授法はなく、最適な学習効果をもたらす教授法は、学習者の個人的特性である適性によって異なるというものです。ここで、学習者の適性とは、その個人を特徴付ける特性のことです。例えば知識や学力、興味・関心、性格特性や態度、さらに学習スタイルなどの、能力的側面だけでなくパーソナリティーの側面も含んでいます。また処遇とは、通常の学習の場合には、指導方法、カリキュラムや課題、さらには学習環境のことですが、これを進路指導にあてはめると、その人のもつ様々な特性と、その人が活動する場や環境、さらに学習・指導される環境が交互作用をもつということになります。どのような仕事において成果を発揮できるかは、その人に応じた環境（処遇）があるかということと不可分なのです。適性を個人内特性として固定的に捉えるのではなく、環境（処遇）との関係のなかで捉えることが重要なのです。

生徒理解　―「理解」とは―

進路指導においては、「生徒理解・自己理解」と「進路情報」が車の両輪と考えられてきました。自己理解にせよ生徒理解にせよ、その前提としておさえておかなければならないのは、「理解」とは何かということです。理解するとはどういうことか、分かるとはどういうことでしょうか。

「生徒理解」とは、生徒の一体何を理解するのかという、理解の対象あるいは内容を考えてみましょう。それは生徒の行動と動機、感情、能力・適性、パーソナリティー、性格、あるいは価値・態度といったことでしょう。特に学校現場では、生徒の能力的側面とパーソナリティーの側面の、それぞれの理解が欠かせません。能力とパーソナリティーは、心理学的構成概念で、その人らしい特徴としての「能力」とか「パーソナリティー（人柄）」が分かると、行動を理解し、予測できることにつながります。しかしそれはあくまで概念であって、実体ではないのです。能力にせよパーソナリティーにせよ、それがモノ（実体）として存在するのではありません。少なくともわれわれはそれを直接観察したり、測定したりすることはできないのです。「能力」はモノではなく、いわば機能として存在するといえるのです。機能を捉えるためには、それをはたらかせてみればよいのです。様々な課題等を与えて、遂行過程や結果を観察し、そこから機能の水準や内容を見ることになります。「理解」するとは、このようにして「推定」することに他なりません。この時、それらの心理的機能が常に一定ではなく、おかれた状況によって、はたらき具合も異なってきます。それがどういう状況でのものなのかを考えずに結果だけに注目すると、とんでもない「誤解」をしてしまうことにもなりかねません。

生徒はおかれた状況や相手によって様々な面を見せる、その多面性を捉えることが「生徒理解」となります。いわば生徒へ様々な方向から光をあてて、その全体像を浮かび上がらせるということです。教師に見える生徒の姿は、その関係によって様々です。ある教師に見えている生徒の姿が、他の教師には違って見えることもあります。また、教師には見えてこない生徒の側面もあります。生徒からすれば、教師には見せたくない、見られたくない側面もあるのです。

もし、教師には知られたくない部分を生徒の意に反して見られた、あるいは知られたら、どうでしょうか。教師は、生徒のそれまで知らなかったことを知ったことで「分かった！」と思うかもしれませんが、生徒にしてみれば「知られてしまった！」ということになるかもしれません。少なくとも教師に自分のことを「理解してもらえた」とは思わないでしょう。反対に、自分の見せたいところや知ってほしいことについてはどうでしょうか。生徒は、それに気付かなかったり認めなかったりする教師には「分かっていない」「分かってもらえない」と感じることでしょう。「理解」とか「分かる」とは、一方から他方にそれを押し付けることではありません。相互の間に共通の理解をもち合うことです。

ところで、生徒が教師に秘密にしていたことを、教師との対話のなかで自ら打ち明けることもあります。これを「自己開示」といいます。生徒の意に反して秘密が教師に伝わった場合と、この自己開示による場合とはどう違うでしょうか。教師の手にする情報という点では同じですが、教師の生徒理解という点では全く違います。生徒自身によって開示される秘密を知った教師は「なるほどそうだったのか！」と生徒に共感でき、生徒を心から理解することができます。生徒理解に、この自己開示が大きな意味をもつことを忘れてはなりません。教師と生徒とが、自己開示し合える関係を作るということです。

自己理解と自己実現

自己理解も自己実現も、キャリア教育においては、大事な目標というべきものです。しかし、「自己理解」も「自己実現」も、考え方によっては人生究極の課題であり、哲学や倫理学そして宗教における課題です。そこで混乱が生じやすいのです。キャリア教育における自己理解や自己実現は、過程であり目標であるということです。キャリア教育においては、個々人の究極の課題としての自己理解と自己実現を目指しつつ、それぞれの発達段階にふさわしい「自己理解」と「自己実現」を図ろうとするのです。

キャリア教育における自己理解は、自己認識あるいは自己意識の発達ということと考えてよいでしょう。感覚的・知覚的自己から認知的自己へ、自己に関わる多様な具体的体験から抽象化・概念化へ、自己中心性から脱中心化へ、といった変化が、幼児期から青年期にかけての自己理解の発達の基礎にあります。このとき、それぞれの変化において、前者は後者の前提となります。自己に関わる多様で具体的な体験が豊かであるからこそ、それらを抽象化・概念化する（自己概念）ことができるのです。生涯にわたる自己意識について、梶田叡一氏は〈図E〉のようにモデル化しています（1980年）。このような発達過程が、幼稚園、小学校、中学校、高等学校、大学のキャリア教育をつなぐ枠組みとなるでしょう。

ところで、自己は他者を前提とするものです。他者の模倣や同一視、他者との関係や他者との比較は、自己理解の深化への重要な契機です。この意味で、様々な対人関係のなかに身をおき、集団のなかで揉まれることも、自己理解にとっては必要なことです。

さらに、自己理解は自分一人が納得すればそれでよいというものではありません。それは自己満足にすぎないし、ときには自意識過剰ともなってしまいます。自己と他者とが理解を共有してはじめて、キャリア教育における自己理解という課題が達成されるのです。この意味で、教師の生徒理解が重要です。しかし、それとともに、生徒自身の自己表現の

〈図 E〉生涯にわたる自己意識内容の変化

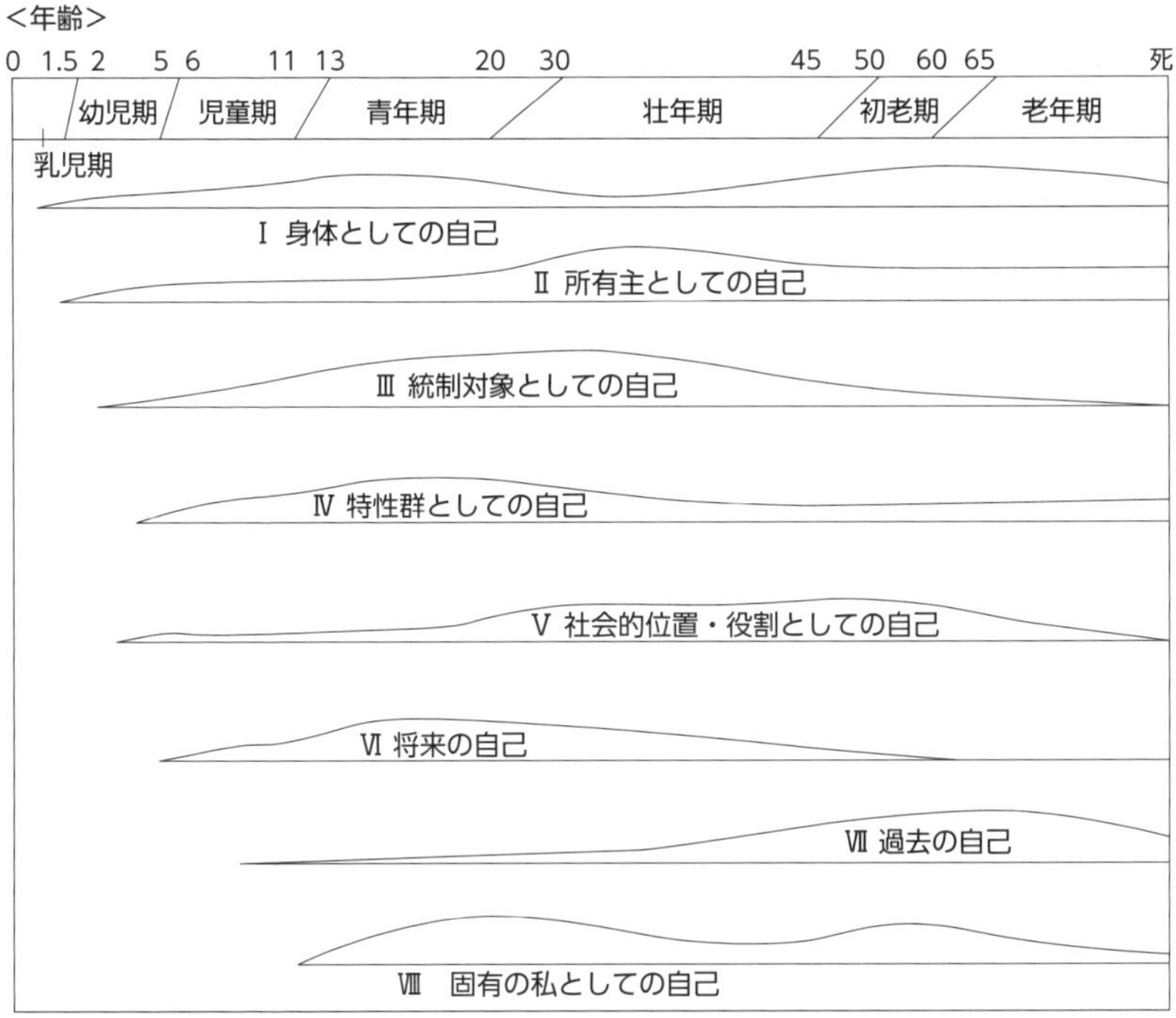

（梶田 ,1980）

力も重要です。それは、一方的に自己を主張したり誇示したりするのではなく、他者による理解を促進するような、自己呈示、自己開示です。これを含めたコミュニケーション能力がキャリア教育のなかで重視される所以はここにあります。

アメリカの心理学者のA.H.マズロー氏は、欲求の階層構造の頂点に自己実現の欲求をおき、それが実現された状態として至高体験をあげていますが、これはいわば究極の状態であって、現実にはこのような体験に出会うことはまれであるといわねばなりません。しかし自己実現というと、このような状態を想定し、それに到達することを期待することになりかねません。それはあくまで理想的、究極的目標であり、より現実的には、個人の才能や能力、その統合体としての自己を、より望ましい活動のなかで発揮できることが自己実現であると考えておけばいいでしょう。スーパー氏の職業的自己実現の考え方も、これに類するものです。

キャリア教育は自己実現を目指すわけですが、自己実現の状態をそれぞれの学校段階ごとに設定する必要はありません。人はもともと自己実現の基本的傾向をもつのですから、重要なのは自己理解であり、それが生かせる場です。教師にはそういう場としての進路(キャリア)が提示できるかが問われることになります。一方、生徒には、キャリアに関する明確な希望、現実的で正確な知識と理解、それに基づく計画と決断が求められます。

発達　―生徒の発達・教師の発達・親の発達―

発達というと、とかく子供が対象の事象と思われがちですが、そうではありません。その捉え方は発達を、新しい能力が現れ、より強くなるといった変化で、加齢とともに諸能力が衰え弱まる、とすることからきています。しかし発達という変化は、子供から高齢者までのどの時期にも見られ、新しい能力の発現もあれば衰退もあるものです。発達とはすなわち生涯発達です。生涯発達とは、誕生から死に至るまで、人は生涯にわたって発達する存在であるとみなすことです。従来の発達観では、身体的な成長のように量的な増大が典型的な姿でした。心の機能がどんどん良好になったり、知識が増えていったりというように、右肩上がりの直線的な変化が発達と捉えられてきました。しかし、生涯発達では、生物的な存在としての人間の成長は加齢とともに衰退するけれども、年齢に応じた社会適応や心の成熟、あるいは発達の可塑性は一生涯持続されると考えるのです。

キャリア教育とは、生涯発達のなかでの個々人の自己実現を目指す指導・援助の活動です。このために、それぞれの学校段階で指導を完結させず、小学校、中学校、高等学校、大学等を通じて、指導・援助が連続されなければなりません。それによって一人一人の子供に自己実現に必要な力（生きる力）、社会的・職業的自立のために必要な力を育てていくことができるのです。だからこそ、この生涯発達過程が、キャリア教育の視野におさめられていることが必要なのです。

ただ、その発達は決して子供たちだけのものではありません。子供が自分のキャリア形成にたくましく取り組んでいけるということは、教師や親自身のキャリア発達がそれに対応していることを意味します。生徒が自立的、主体的にキャリア形成ができるということは、同時に教師や親自身がそれに対応するキャリア成熟をしているということです。これはどちらが先でどちらが後ということではなく、いわば相互発達というべきことです。子供のキャリアをめぐって、教師も親も子供も発達していくのです。発達は相互に環境となりあって成立する、文脈のなかで展開されるものです。家庭や地域との連携とは、発達理論からすれば、この文脈を重視することなのです。子供の変化・成長によって、教師も親も変化・成長する。それがまた子供の成長をもたらすという相互作用があるのです。

社会的・職業的自立　―「自立」とは何か―

渡辺三枝子氏は、２００８年にキャリア教育を「自立できる子どもを育てることを目標とした教育改革運動」とし、その目標を具体的には「いつか成人して責任感を持って社会に出る段階に達した時、一人の社会人として、精神的、情緒的、社会的に自立し、その結果として経済的自立ができる子どもを育てること」としています。そして「自立」の条件として三つをあげています。

①他の援助を受けない
②他の支配を受けない
③自分の力で立つ

「他の援助を受けない」とは、経済的にも精神的にも社会的にも他からの援助に頼らないで生きることですが、援助を受けない程度は年齢や社会構造、心身の状態によって異なります。「援助を受けない」とは、他者からの援助をすべて拒否するという意味ではなく、必要に応じて一時的に援助を受ける場合もありうるのであり、他の援助に依存しない、あるいは、他からの援助がないと自力では生きられないような状態ではないということです。「他の支配を受けない」とは、精神的な自立を意味し、自分が自分の支配者である以上、自分で判断し、自分の責任で行動し、その結果を自己評価して改善するということです。「他の支配を受けない」ということは、「独りよがりな生き方をする」ことではありません。勝手気ままに行動していると、周囲から受け入れられず、疎外され、孤立することになります。他の支配を受けないとは、他者の判断にすべてをゆだね、その人の命じるままになるような状態に自分をおかないということです。

自立で最も重要なのは「自分の力で立つ」ことだと、渡辺氏はいいます。立つのは自分自身であり、自立する力は自分でもたねばなりません。自立に不可欠の条件は、「自立の主体としての私自身」に自信をもてることです。そのためにはまだ実質的に独り立ちしていないとき、子供時代に子供自身が「私」としての自分の存在を大切に思える体験、援助を受けるに値する存在だと感じられる体験、ができていることが重要です。人に依存しなければ生きていけない時期に「大切にされる」体験をすることは、長じて他の人の存在を受け入れ、他者とともに生きることができるという社会的自立に必要な力や態度を発達させるために不可欠なことです。幼児期こそ「自立」（いや、むしろ「自律」というべきかもしれませんが）の基礎が形成される時期です。人に依存しなければ生きていけない時期に「大切にされる」体験をすることは、長じて他の人の存在を受け入れ、他者とともに生きることができるために、不可欠なことであるといえます。小学校からのキャリア教育で突然「自立」が問題になるのではなく、それ以前の幼児期におけるしつけにおいて、自立・自律の基礎が形成されるということを強調しておきたいと思います。

ガイダンス・カウンセリング

ジョーンズ（A.J.Johns）氏は、1951年に、

「ガイダンスとはだれかある人によって与えられる個人的援助を意味している。それは自分が行こうとする処、なそうとすること、あるいは、自分のもっともよく達成できる方法を決定するにあたって、相手を助けるように計画されたものである。すなわちガイダンスとは個人が自分の当面する生活上の諸問題を、自分で解決すべく助けることである。換言すれば、それは個人のために問題を解決してやることではなくして、彼がそれを自分で解決するように援助することである。ガイダンスの焦点は個人にあるのであって、問題にあるのではない。すなわちガイダンスの目的は自己指導へと個人の成長を促進させることである。もちろん、かかる援助は集団内の複数個人に対して与えられることもあろうし、また、直接、ひとりひとりの個人に単独に与えられることもあろう。しかし、いずれにせよ、それは常に個人を助けるべく計画されている」

と言っています。ずいぶんと前のものですが、ガイダンスの本質を明確に示したものと私は今でも大切にしています。

カウンセリングとは、渡辺三枝子氏によれば、「専門家あるいは専門的知識と能力を持った人による、目的志向の相談」で、以下の要素があるといいます。

①専門的な援助過程　②ことばを主な手段とする　③ダイナミックな相互作用を土台とする　④さまざまな心理的援助行動をとる　⑤問題解決の主体である児童・生徒が自己理解を深めながら建設的な形で意思決定をすることができるようになることを目標とする。

このように見てくると、ガイダンスとカウンセリングは、自己指導、自己決定という共通の基盤に立っていることがわかるでしょう。仙崎武氏は、「この両分野・活動の根底には、複合社会で生きるすべての子どもや青年、若年成人のための、在り方生き方への「援助活動」であるとする確固たる哲学が流れており、この両活動を学校や社会における不可分な機能、殊に学校の中核的な教育・援助活動とするとらえ方、考え方が今も連綿として息づいている」と述べておられます。

キャリア・カウンセリング

キャリア・カウンセリングについては、『キャリアカウンセリング入門―人と仕事の橋渡し』（渡辺三枝子・E．L．ハー著）に適切な解説を見ることができます。

「キャリアカウンセリングとは、（1）大部分が言語をとおして行われるプロセスであり、（2）カウンセラーとカウンセリー（たち）は、ダイナミックで協力的な関係の中で、カウンセリーの目標をともに明確化し、それに向かって行動していくことに焦点を当て、（3）自分自身の行為と変容に責任を持つカウンセリーが、自己理解を深め、選択可能な行動について把握していき、自分でキャリアを計画しマネージメントするのに必要なスキルを習得し、情報を駆使して意思決定していけるように援助することを目指して、（4）カウンセラーがさまざまな援助行動をとるプロセスである」

と定義されています。キャリア・カウンセリングについて、本書は最高のおすすめ書です。キャリア・カウンセリングは、以前は「進路相談」と同義でした（日本進路指導学会編『キャリアカウンセリング』１９９６年参照）。つまり進路指導の活動の一環として位置付けられていました。その位置付けは、キャリア教育にも引き継がれたようです。

２０１４（平成16）年の文部科学省「キャリア教育の推進に関する総合的調査研究協力者会議報告書」第４章キャリア教育を推進するための条件整備に、キャリア・カウンセリングの重要性が指摘されています。キャリア・カウンセリングを担当する教員の養成には、「すべての教員が基本的なキャリア・カウンセリングを行うことができるような研修の充実」、「キャリア・カウンセリング研修プログラム」が提唱されています。ここで重要なことは、「すべての教員が基本的なキャリア・カウンセリングを行うことができる」ことです。つまり、キャリア・カウンセリングは「すべての教員」が行うべきことであるということです。

キャリア・カウンセリングとは、報告書に例示された教員研修プログラム「キャリア・カウンセリング研修（基礎）」によれば、次のようなものです。

研修内容

（1）キャリア教育の基礎となる知識

①キャリア教育についての理解

②児童生徒の心理的・社会的発達についての理解

③児童生徒の生きる社会環境についての理解

（2）実践方法に関する知識

④児童生徒を理解することの意味

⑤職業にかかわる体験活動の意義と生かし方

（3）カウンセリングの基礎の習得

⑥コミュニケーションのための基礎的能力と態度の習得

⑦カウンセリングについての基礎的理解とカウンセリングプロセスの理解

⑧多様な相談場面の理解

これを見る限り、キャリア・カウンセリングは、すべての教員が行うべきものであり、その研修プログラムの内容は、キャリア教育そのものといってよいでしょう。キャリア・

カウンセリングは、まさに、キャリア教育の中核であるとされていたのです。しかし、後に、２００６（平成18）年の文部科学省「小学校・中学校・高等学校　キャリア教育推進の手引」のなかで、全教員を対象とするキャリア教育推進のための研修として、取りあげる項目が例示されました。ここでは、キャリア・カウンセリングは、全9項目中の1項目にすぎません。

全教員を対象とする研修で取り上げる項目例

（1）キャリア教育についての理解
（a）キャリア教育の求められる背景の理解
（b）キャリア教育についての理解
（c）キャリア教育を通じて育成すべき能力・態度と「学習プログラムの枠組み」についての理解
（d）小・中・高を通じたキャリア教育推進のための相互理解の深化
（2）キャリア教育の推進に必要な知識と基本的な能力の習得
（a）社会動向、経済状況についての理解

（b）児童生徒の心理的・社会的な発達、キャリア発達について理解すると同時に、児童生徒理解の意味や方法について学ぶ

（c）自校の教育課程をキャリア教育の視点から見直し、学習プログラムを作成する能力の習得

（d）キャリア教育の中心に据えられる体験活動の意義と生かし方、さらに家庭・地域との連携の進め方についての理解

（e）キャリア教育の推進に欠かせないキャリア・カウンセリングの基本的能力の習得

ここで注目すべきは、「報告書」では、「キャリア・カウンセリング＝キャリア教育」であったものが、「手引」では、「キャリア教育の推進に欠かせないキャリア・カウンセリング」となり、「キャリア教育の中心に据えられる」のは「体験活動」となっていることです。当初、キャリア教育そのものとされていたキャリア・カウンセリングは、体験活動にその座を譲ることになったのですが、「キャリア教育の推進に欠かせない」ことは変わりません。

問題は、そのキャリア・カウンセリングがいかなるものなのかについての、積極的な説明がないことです。研修内容からは、キャリアについての理解とカウンセリングについての理解を結合させるということが読み取れますが、これはキャリア・カウンセリングについての積極的な説明ではありません。キャリア・カウンセリングといっても、従来の教育相談、進路相談と同じことになるのかもしれません。ただし、専門的なキャリア・カウンセリングの能力をもつ教員は必要です。その意味では、関連諸団体連合で作られた「一般社団法人日本スクールカウンセリング推進協議会」（２０１３年）の、ガイダンスカウンセラー養成の動きは注目されます。

キャリア発達とキャリア形成

キャリア発達は、「報告書」のキャリア教育の定義「児童生徒一人一人のキャリア発達を支援し、それぞれにふさわしいキャリアを形成していくために必要な意欲・態度や能力を育てる教育」に見られるように、キャリア教育の中核とも言える重要概念です。
「手引」は、キャリア発達について、以下のように解説しています。

発達とは、生涯にわたる変化の過程であり、人が環境に適応する能力を獲得していく過程である。その中で、キャリア発達とは、自己の知的、身体的、情緒的、社会的な特徴を一人一人の生き方として統合していく過程である。具体的には、過去、現在、将来の自分を考えて社会の中で果たす役割や生き方を展望し、実現することがキャリア発達の過程である。D．E．スーパーは、この過程を生涯における役割の分化と統合の過程として示している〈図F〉。

自分の過去・現在・将来を見据え、社会との関係の中で自分らしい生き方を展望し、実現していくことは、自己の確立として青年期の発達課題とされてきたが、生涯にわたっての課題ととらえるべきである。人は、生涯のそれぞれの時期において、社会との相互関係の中で自分らしく生きようとする。そして、各時期にふさわしい個別的なキャリア発達の課題を達成していくことが、生涯を通じてのキャリア発達となる。キャリア教育はそのような一人一人のキャリア発達を支援するものでなければならない。

〈図 F〉ライフ・キャリア・レインボー

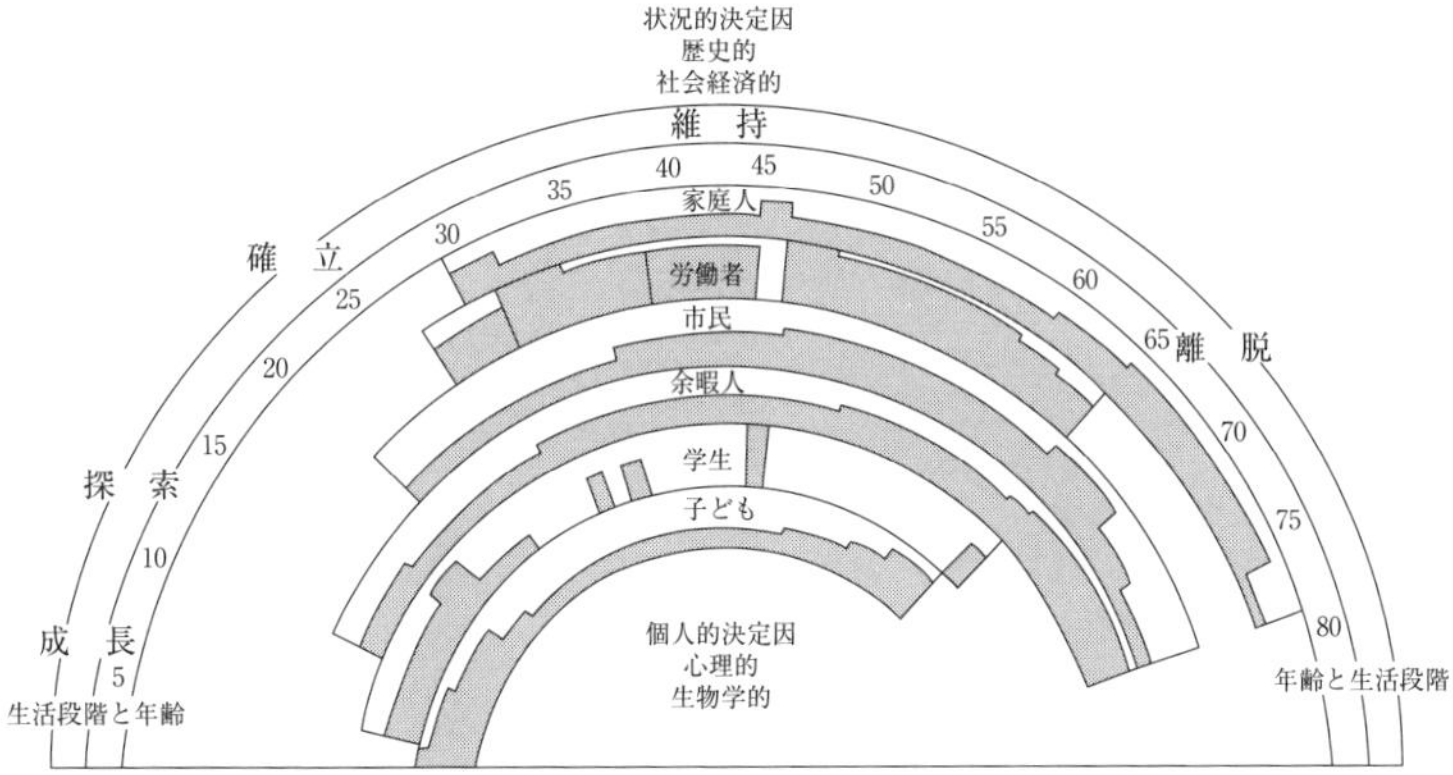

出典：Super,Savickas & Super 1996：127 を改変

キャリア発達の中心は、社会の一員として自立的に自己の人生を方向付けることであるが、一人一人のキャリア発達は、知的・社会的発達とともに促進される。例えば、小学生には小学生にふさわしいものの見方や行動の仕方に基づいて、自己と社会をとらえ、自分を方向付けようとする。その意味で、キャリア発達の理解には、まず一人一人の能力や態度、資質は、段階を追って育成されるということを理解しておく必要がある。そのために、国立教育政策研究所生徒指導研究センターでは、「職業観・勤労観を育む学習プログラムの枠組み（例）」を開発し、児童生徒が将来自立した社会人・職業人として生きていくために必要な能力や態度、資質として、「人間関係形成能力」「情報活用能力」「意思決定能力」「将来設計能力」の「4能力」を、児童生徒の成長の各時期において身に付けることが期待される能力・態度として例示している。

ここで、キャリア発達が、スーパー氏のライフ・キャリア・レインボーに見られる生涯キャリア発達の考え方に基づいていることが分かります。「人は、生涯のそれぞれの時期において、社会との相互関係の中で自分らしく生きようとする。そして、各時期にふさわしい個別的なキャリア発達の課題を達成していくことが、生涯を通じてのキャリア発達となる」のです。「手引」では更に、それに基づいて、キャリア発達に関わる諸能力を整理し、例示していることも、重要です。

キャリア形成

寺田盛紀氏は、2014年に「人間の発達や停滞、変容、教育的働きかけ、更に社会・経済的メカニズム、ライフサイクル・人生設計などとの関連で、一生涯にわたる人間のキャリアのありようを学際的に究明しようとする場合、『キャリア形成』という意図的と非意図的の、更に個人的と社会的・集団的の両方の意味を包み込んだ用語をあてるのが適切であろうと考える」として、次のように、キャリア形成（過程）を定義しておられます。

児童・生徒・学生から成人・高齢者に至るまでのキャリア発達の視点にもとづき、個人レベルのキャリアデザインや進路選択、キャリア学習と、組織・行政レベルの計画的キャリア教育・職業教育訓練（能力開発）および家庭・地域、学校教育や産業組織の職業的・生活的キャリア創出に関する非公式的作用の相対的・連続的過程である。

ここで「キャリア形成」は、「上位領域としての『キャリア形成学』とその下位領域の一つとしてのキャリア教育学」に対応した定義となっています。キャリア発達と、それに関わる諸作用の総体ということでしょうか。

キャリア教育学

キャリア教育の学問的基盤が、キャリア教育学です。キャリア教育の学問的布置について、私はかつて、図を示して〈図G〉、次のように述べました（2010年）。

キャリアはもともと学際的な課題である。心理、発達、教育に関する分野、産業、

〈図 G〉キャリア教育の学問的付置

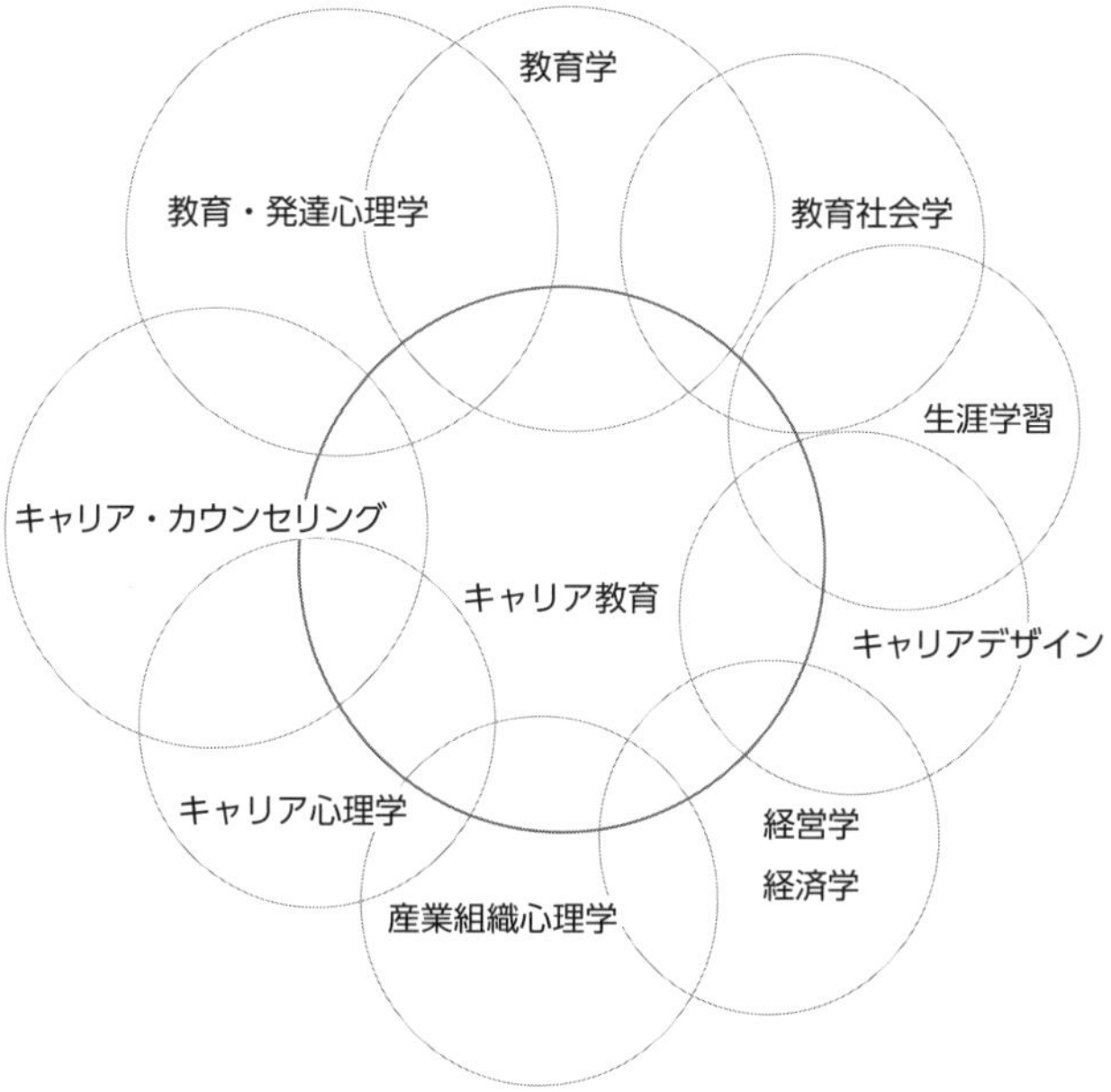

菊池武剋作成

職業、労働、経済、経営の分野、生涯発達、生涯学習の分野等々、関連する分野は多岐にわたる。これらの分野が「キャリア」「キャリア形成」「キャリア発達」といった課題において、連結し、重ね合わされるとき、立場と方法論を異にしつつ課題意識を共有する「キャリア教育」が成立する。

キャリア教育はいかなる学問を母としているのか、その基本的な特質は何か。これは難問である。キャリア教育が人の生涯や生き方にかかわることからすれば、すべての学問はキャリア教育に関連するといえる。しかし、それではキャリア教育を特徴づけたことにはならないであろう。

図は、ガイダンス、職業指導、進路指導といった、キャリア教育に先行する活動がこれまでどのような経緯をたどってきたかを考慮しつつ、キャリア教育の学問的な位置づけを示したものである。キャリア教育の基本的な課題である「学校から社会への移行（school to work）」は、このような多くの領域の学際的な研究と実践によって、取り組まれる。キャリア教育に携わるものは、自己の専門領域はいずれにせよ、これらの領域の知識と方法論にふれ、それを取り込んでいくことが必要である。日本キャリア教育学会はこれらの領域の集合体として、キャリア、キャリア発達、キャリア教育の研究と実践にあたっている。学会に参加することで、キャリア教育に関する幅広い知識と実践力を得ることができる。

〈P126　図H〉は、クライツ（Crites,J.O.1969）によって職業心理学の系譜を示したものである。この職業心理学は、図の「キャリア心理学」と「キャリア・カウンセリング」の源流であり、キャリア教育の中核を占める分野である。この図によれば、F．パーソンズを祖とする。

マッチング論と、フロイトを祖とする心理力動論の融合として、D．E．スーパーの職業的発達論が位置づけられていることがわかる。ここからキャリア教育へと展開するのである。

キャリア教育がいかなる学問領域と関連しているかを知ることは、キャリア教育を実践していく上で必要である。それは自分自身のキャリア教育とのかかわりを知ることにもなる。図は、これらの関連領域の中で自分はどこにいるのか、自分の特徴は何か、これらを考える際の手掛かりとなるであろう。

ただ、図は現時点での仮説的なもので、これ以外にも関連領域を考えることはできる。それぞれがこれを基にしてキャリア教育の学問的布置を考えることに意義がある。

〈図 H〉 職業心理学の歴史的系譜

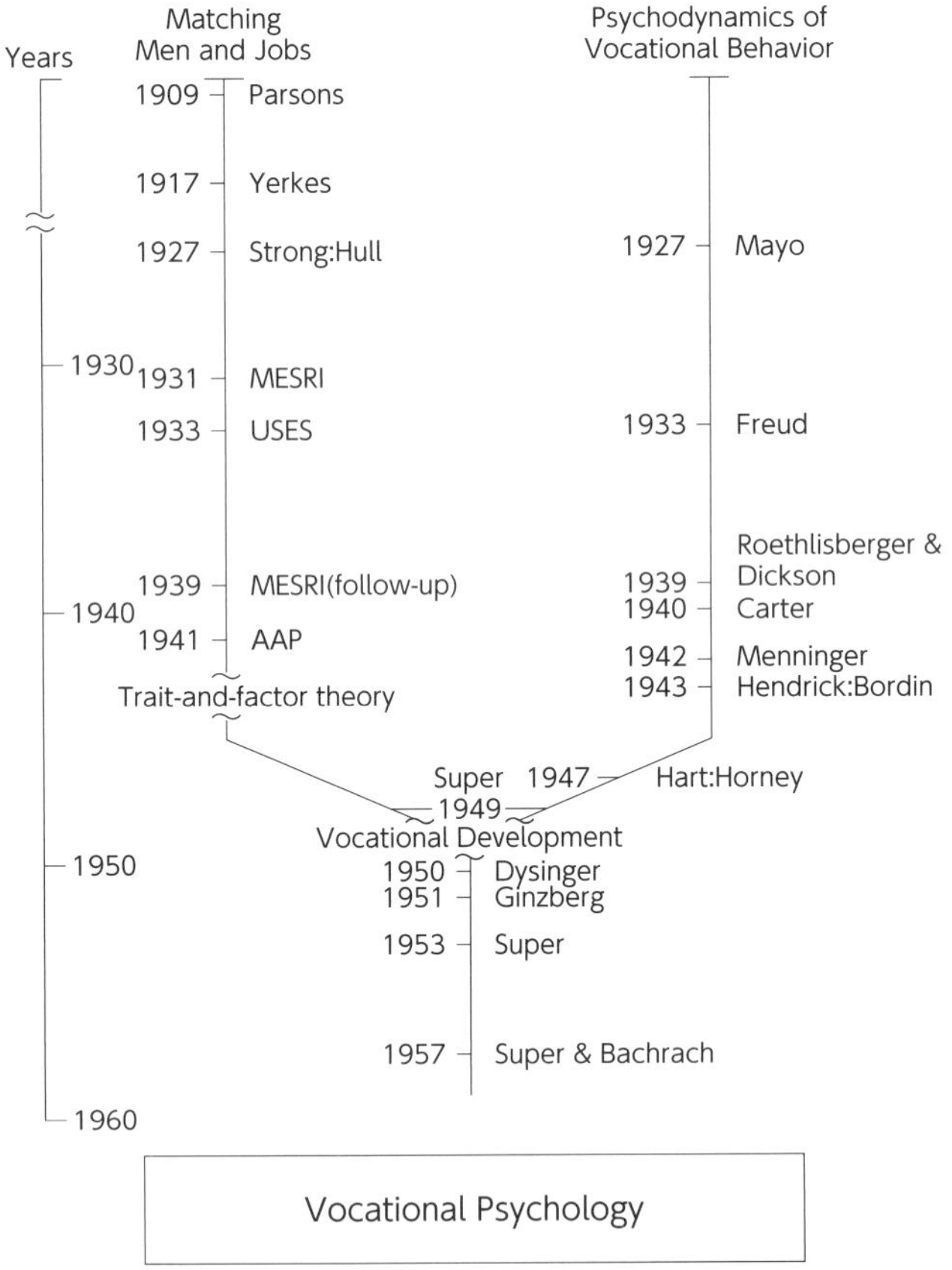

出典：Crites,J.O. 1969 Vocational Psychology, McGraw-Hill

それによってキャリア教育とは何かについてさらに明らかにされることになろう。

キャリア教育学は、一つのディシプリン（学問分野）ではなく、多くの関連分野の重なりの上にあります。それはまさしく「学際的」というべきものです。日本キャリア教育学会はそれを体現した学会です。様々な分野から、この学会に参加されることを強く期待するものです。

第五章

キャリア教育論

結局キャリア教育とは何なのか。それを考えるために、いくつかの「キャリア教育論」を見てみましょう。キャリア教育に関する書籍は、これまで様々なものが出されていますが、「キャリア教育」と正面切って題するものはそれほど多くありません。文部科学省の「キャリア教育の推進に関する総合的調査研究協力者会議」報告書が出された２００４（平成16）年以降のもので、私の手元にあるのは、

『キャリア教育―歴史と未来』K．B．ホイト編著（仙崎武・藤田晃之・三村隆男・下村英雄訳）２００５年
『権利としてのキャリア教育（若者の希望と社会）』児美川孝一郎　２００７年
『キャリア教育概説』日本キャリア教育学会編　２００８年
『キャリア教育―自立していく子どもたち』渡辺三枝子　２００８年
『キャリア教育のエッセンス』吉田辰雄監修　２００９年
『キャリア教育へのセカンド・オピニオン』浦上昌則　２０１０年
『キャリア教育論：若者のキャリアと職業観の形成』寺田盛紀　２０１４年
『キャリア教育基礎論』藤田晃之　２０１４年

『キャリア教育フォービギナーズ』藤田晃之　２０１９年
『新版キャリア教育概説』日本キャリア教育学会編　２０２０年

です。その他、

『教育再生のためのグランド・レビュー　キャリア教育の系譜と展開』仙崎武・藤田晃之・三村隆男・鹿島研之助・池場望・下村英雄編著　２００８年
『キャリア教育リーダーのための 図説キャリア教育』仙崎武・池場望・下村英雄・藤田晃之・三村隆男・宮崎冴子編著　２０１０年

といった資料集があります。

「キャリア教育の心理学」、あるいは「キャリアの心理学」といった心理学系の著書も一定数見られるのですが、ここでは、キャリア教育とは何なのかということを考えるということから、キャリア教育そのものを主題とした「キャリア教育論」について見ていくことにしたいと思います。

『キャリア教育―歴史と未来』

『キャリア教育―歴史と未来』は、K・B・ホイト氏（K.B.Hoyt）のCareer education：History and Future（２００５年）の訳書です。訳者の解説によれば、キャリア教育への連邦法制努力、この教育の定義、概念化と評価、マイアミ、セントルイス、オハイオ各州・学区のキャリア教育計画とプログラム、キャリア教育学会創設の経緯と活動、キャリア教育の未来像など、アメリカにおけるキャリア教育運動の歩みが、克明に、かつ具体的に記述されたものです。

「わが国では、平成11年『中教審』答申で初めてキャリア教育の必要性が文言化、平成16年の『キャリア教育推進会議（報告）』をうけてようやく本格化したばかり」の２００５（平成17）年に出版された本書は、わが国のキャリア教育推進のためにも意義のあるものでした。そのため仙崎武氏をはじめとする訳者たちはいち早く翻訳、出版したのでしょうが、残念なことに、それがわが国のキャリア教育に反映されることはなかったようです。

『キャリア教育概説』

『キャリア教育概説』は、日本キャリア教育学会編です。編者によれば、「これまでの学会活動をふまえて、キャリア教育の現状を、その歴史や理論を踏まえながら概観し、学会として刊行しよう」としたものということです。内容は、

Ⅰ　キャリア教育の理念と性格
Ⅱ　進路指導からキャリア教育へ
Ⅲ　キャリアの基礎的理論
Ⅳ　最近のキャリアの理論

Ⅴ　キャリア教育の展開
Ⅵ　フリーター・ニートと若年者のキャリア形成支援
Ⅶ　キャリア・カウンセリング
Ⅷ　キャリア教育における教材・ツールの活用
Ⅸ　キャリア教育における評価
Ⅹ　諸外国におけるキャリア教育の動向
Ⅺ　キャリア教育の課題と展望

という、まさに「概説」というべきものです。

キャリア教育とは何かについては、「Ⅰ　キャリア教育の理念と性格」にそれを見ることができます。

1　キャリア教育とは何か
2　キャリア教育と進路指導
3　キャリア教育と職業教育

の3章で構成され、「第1章　キャリア教育とは何か」は、

1 school to work という課題
2 キャリア
3 キャリア発達
4 キャリア教育
5「キャリア教育」学

「第2章　キャリア教育と進路指導」は、

1 キャリア教育とは何か
2 進路指導とは何か
3 進路指導とキャリア教育―キャリア発達の支援とその個別の援助―
4 進路指導とキャリア教育―適応への指導・援助を重視した取り組み―

「第3章　キャリア教育と職業教育」は、

1　職業とキャリアの同異と関連
2　職業教育の概念・目的・内容
3　職業教育との関連で見たキャリア教育の定義と対象
4　職業教育におけるキャリア教育

で構成されています。三つの章でそれぞれに、キャリア教育とは何か（キャリア教育の定義）が取りあげられているのが特徴であり、興味深いところです。
「第1章　キャリア教育とは何か」では、次のように記述されています。

キャリアおよびキャリア発達の概念から、キャリア教育とは何かを考えると、広義には、「ライフキャリア開発（人生における役割、環境、出来事の相互作用と統合を通じて行う、全生涯にわたる自己開発）」（Gysbers,Heppner,&Johnston,2003）の支援ということになろう。「生涯にわたって、仕事（work）―有給・無給を問わない仕事

―を通して、個人的に満足できる一連の営みがなし得るように支援する社会全体の運動」（イバンス、1972）あるいは「働くことを重んずる社会における諸価値に精通しうるように個人を支援し、それらの価値を自らの価値観に組み入れ、働くことが誰にとっても可能となり、意義をもち、満足できるような生活を送れるよう支援する、公教育および社会全体の運動」（ホイト、1972）という米国のキャリア・エデュケーションの定義にみられるようなとらえ方もできよう。ここでは、「仕事」とか「働くこと」と訳されるworkが重要な意味を持つ。仕事や働くこととは個々人に期待される役割であり、単に職業にとどまらない。キャリア教育はこのworkをめぐって展開されるのである。個人に期待される役割やライフ・ロール（人生における役割）を受け止め、果たすこと（work）を通して形成されるキャリアとキャリア発達の支援が広義のキャリア教育である。……文部科学省は、キャリア教育を「キャリア概念に基づいて児童生徒一人一人のキャリア発達を支援し、それぞれにふさわしいキャリアを形成していくために必要な意欲・態度を育てる教育」「端的に言えば、児童生徒一人一人の勤労観、職業観を育てる教育」と定義している（2004）。ここにはキャリア、キャリア発達、キャリア形成を目標とする教育であることが端的に示され、そのための意欲・態度、能力を育てる教育、さらに勤労観、職業観を育てることによって、school to work の課題を直接担う教育であることが示されている。（菊池武剋）

キャリア教育を広義に捉えたうえで、文部科学省のキャリア教育が、キャリア、キャリア発達、キャリア形成を目標とする教育であるとの位置付けです。

「第2章　キャリア教育と進路指導」には、次のような記述があります。

キャリア教育は、社会的自立に向けて、「児童生徒一人一人のキャリア発達を支援し、それぞれにふさわしいキャリアを形成していくために必要な意欲・態度や能力を育てる教育」（文部科学省、2004）と定義されるが、児童生徒のキャリア発達に沿った系統性、すなわちキャリア発達段階に応じた計画的・継続的なカリキュラム・プログラムの展開を強調し、更に児童生徒一人一人に対する個別の援助としてのキャリア・カウンセリング、すなわち適切なコミュニケーションによるキャリア発達の支援を重視している。

すなわち、キャリア教育とは、「それぞれにふさわしいキャリアを形成していくために必要な意欲・態度や能力」の発達を支援することを意味しており、「人間関係形成能力」「情報活用能力」「将来設計能力」「意思決定能力」の4能力領域・8能力などと例示されるキャリア発達の支援であり、社会的自立に向けた「生きる力」の育成であるといえる。（三川俊樹）

ここでもキャリア教育は、2004（平成16）年の文部科学省「報告書」に沿って定義されているのですが、キャリア発達の個別支援として、キャリア・カウンセリングの重要性が指摘されています。また、社会的自立に向けた「生きる力」の育成であるという部分に、進路指導との連続性を見ることもできます。

「第3章　キャリア教育と職業教育」では、職業とキャリアの同異と関連、職業教育の概念・目的・内容を論じた後、職業教育との関連で見たキャリア教育について、次のような記述があります。

アメリカ各州でのキャリア教育の展開や、なお創始期にあるわが国のキャリア教育論を総合的にとらえてみると、キャリア教育は少なくとも次の5つの要素から構成されている。①将来の専門進路や職業を選択させるための系統的なキャリア・ガイダンス・カウンセリング　②普通教科に位置づけられたキャリアに関する学習　③同じく、普通教科としての仕事や技術に関する特定の科目　④キャリア啓発的・探索的な就業体験　⑤そして最後に、選択教科や専門職業教育でのキャリアへの直接的準備である。

つまり、学校教育全体のシステムや教育活動を貫く原理としてキャリア教育を広義にとらえる場合、職業教育や専門教育はキャリア教育の一部を構成し、ともにキャリア発達という革新的な課題に寄与しうる。しかし、職業教育も専門キャリアへの気づき、探究、意思決定、プランニング、意欲・興味・価値観形成を含んでこそ、生徒・学生のキャリア教育の「出口」ないし完成段階との位置づけを得ることができる。

（寺田盛紀）

ここでは職業教育を含めたキャリア教育が、提唱されています。

この3章を通して、2004（平成16）年の文部科学省「報告書」が示す「キャリア概念に基づいて児童生徒一人一人のキャリア発達を支援し、それぞれにふさわしいキャリアを形成していくために必要な意欲・態度を育てる教育」「端的に言えば、児童生徒一人一人の勤労観、職業観を育てる教育」というキャリア教育は、キャリア概念、進路指導、職業教育によって構成されるということが分かります。

『キャリア教育―自立していく子どもたち』

『キャリア教育―自立していく子どもたち』は、わが国のキャリア教育推進の中心である渡辺三枝子氏（筑波大学教授・キャリア支援室長、キャリアデザイン学会会長・当時）によるものです。

「はじめに」で、渡辺氏は次のようにいいます。

保護者のみならず教師の間でも、「キャリア教育」については様々に評価がわかれています。私はその理由を、キャリア教育がどのようなものであり、なぜ必要とされるようになったかが十分に知られていないからだと考えています。本書では、キャリア教育の目標を「自立できる子どもを育てることを目標とした教育改革運動」と定義しました。これは、文部科学省が平成18年11月に公表した「小学校・中学校・高等学校キャリア教育の手引き」の中で「社会的自立、職業的自立に必要な能力や態度を発達させること」をキャリア教育の目標と明示していることに由来します。

キャリア教育がどのようなものであり、なぜ必要とされるようになったかが十分に知られていないことが、執筆の理由であることから分かるように、本書は「キャリア教育」についてなんとか理解してほしいという著者の思いにあふれたものになっています。そこでまず、「キャリアとは」と、キャリア教育の目標である「自立とは」が取りあげられます。「キャリア教育とは何か」の前提として、キャリアとは何か、自立とは何かを明らかにしようとするわけです。キャリア教育の実践を通して子どもたちから教えられたことを「自立できる子どもの育て方」として紹介するなかで、変化の激しい将来の社会を生き抜いていく子どもたちに少しでも役に立つことができたら幸いだという思いで執筆したといいます。「私は、自立できる人を育てることが教育の原点だと思っています。その意味では、キャリア教育は教育の原点に立ち戻る運動といってもいいかと思います」という本書は、わが国のキャリア教育推進の中心となった著者による、保護者向けのキャリア教育の解説書ということができます。「解説書」であるためか、「キャリア教育とは何か？」と、大上段に構えることはせず、できるだけ平易に、語りかけるような書きぶりが印象的です。「第1章　今話題の『キャリア教育』とは」に、以下のような記述があります。

要するに、キャリア教育とは、「人間は一人ひとりみなユニークな存在であって、二人と同じ人はいないから大切なのだ」という価値観から出発しているということです。子どもを尊重するからこそ、その子どもが自分の足で立てる、つまり、自立できることが大切なのです。そのためには、子どもが自分の価値観を形成する際に社会の中でいろいろな人と積極的にかかわり、自分の行動に責任が取れるように教育する必要があるのです。自立に必要な力や態度は、残念ながら社会に出る年齢に達したら自然と獲得されるというものではありません。社会的自立に必要な力や態度は、さまざまな知的能力と同様、易しいことから徐々に難しい課題を解決する中で発達していくものなのです。

キャリア教育は、社会性の発達の重要性に焦点を当てています。特に子どもの育つ環境がますます複雑になっている現代社会において、自然に社会性を身に付けることは非常に困難になっているのです。だからこそ、キャリア教育の必要性が叫ばれるようになったわけです。キャリア教育は、将来自立的に生きられる子どもたちを育成するために、全学校生活を通して体験するさまざまな「学習」に取り組みながら、将来の社会的自立に必要な基礎を発達させることを目指しているのです。

教育改革の理念であるといわれるキャリア教育は、職業について教えたり、職業の世界に関心を持たせたり、進路選択の準備をするというよりもむしろ、一人ひとりの児童生徒が、学校という場を利用して「生きること」を体験しながら、さらに「生きていく力」を身に付けられるように援助することがどんなに意味のあることかを考え直してみることと言えるでしょう。

以下、「第2章　子供の環境はどう変わったか」「第3章　小学校からのキャリア教育」

「第4章 中学生時代のキャリア教育」「第5章 自立できる子供を育てるために」で、キャリア教育の必要性、目標、実践例、評価等が、丁寧に分かりやすく説明されています。

キャリア教育の目標としての「自立」が、後の2011（平成23）年の中央教育審議会答申にある、キャリア教育の再定義の核心となるのですが、この時点で「自立」の重要性を指摘したことに著者の慧眼を見る思いがします。

『権利としてのキャリア教育（若者の希望と社会）』

『権利としてのキャリア教育（若者の希望と社会）』は、教育学者の児美川孝一郎氏（法政大学キャリアデザイン学部教授）によるものです。著者は、
近年の教育政策として展開されているキャリア教育には、〝上からの押し付け〟といった形式面だけでなく、その内容面においても、さまざまな問題点が孕まれていると考

えている。しかし、そのことは、日本の教育現場では、キャリア教育などには取り組まなくてよい、ということを意味するわけではない。事態は逆である。日本の学校には、現在の子どもたち・若者たちには、キャリア教育が必要である。それは、彼／彼女らの権利として保障されなくてはならない。「政策としてのキャリア教育」への反発や批判は理解できるとしても、そのことは、子どもたち・若者たちに保障されるべき「権利としてのキャリア教育」をないがしろにしてよい、ということを意味するわけではない。

といいます。キャリア教育については、

キャリア教育とは、簡単に言ってしまえば、子どもたちの学校卒業後の社会生活や職業生活との関連性（レリヴァンス）を意識した視点から、学校の教育課程全体を再点検し、必要な編み直しを行っていく営みである。子どもたちの社会的自立や職業的自立の支援ということを念頭において、彼／彼女らに「生きる力」を身につけさせることを目的とした教育課程の再編成の試みであると言ってもよいかもしれない。

と端的に表現しています。これは、単にキャリア教育の定義というよりも、キャリア教育の本質を述べたもので、ある意味、渡辺三枝子氏の「私は、自立できる人を育てることが教育の原点だと思っています。その意味では、キャリア教育は教育の原点に立ち戻る運動といってもいいかと思います」に通じるところがあります。

さらに、

キャリアとは、「ワーク・キャリア」との関連における「ライフ・キャリア」のことである。「働き方」と関連付けられた「生き方」こそが、キャリアなのである。その意味では、職業としての仕事のみならず、家族生活、交友関係、ボランティアや社会的活動、趣味、地域住民としての活動などの経歴も、その人のかけがえのないキャリアを形成しているわけである。

として、

学校教育の文脈において、キャリア教育や子どもたちのキャリア発達を考えるのであれば、そこでのキャリアの概念を「ワーク・キャリア」にのみ限定してしまうのは、もちろん得策ではない。子どもたちが自らの「ライフ・キャリア」の主人公になれるような力を育てること、「生き方」全体のなかに「働き方」をきちんと位置付けられるようにすることが、キャリア教育の目的であり、そのプロセスが彼／彼女らのキャリア発達にほかならないのである。

といいます。

「キャリア教育とは、簡単に言ってしまえば、子どもたちの学校卒業後の社会生活や職業生活との関連性（レリヴァンス）を意識した視点から、学校の教育課程全体を再点検し、必要な編み直しを行っていく営みである」に見られる「関連性（レリヴァンス）」の観点は、キャリア教育の本質を突いたものといえます。ここに児美川氏のキャリア教育論の核心を見ることができます。

「関連性（レリヴァンス）」ついては、本田由紀氏が『教育の職業的意義─若者、学校、社会をつなぐ』（２００９年）で、傾聴すべきキャリア教育批判を展開しています。本田氏は、〝「キャリア教育」に代わる「教育の職業的意義」を〟として、浮ついたスローガンや理念から、地味でも着実で堅牢な知識・技術へと教育現場を引き戻すこと、それによって若者を外の世界に向けての〈適応〉と〈抵抗〉の両面で力づけること、そのような意味での「職業的意義」の中身についての具体的な検討と実行へと歩を進めること、それこそが今、急いで取り組まれるべき課題である。

といいます。

児美川氏が関連性（レリヴァンス）をキャリア教育の核心と捉えるのに対して、本田氏は、「キャリア教育」に代わるものとして「教育の職業的意義」を主張しているわけです。私は、「政策としてのキャリア教育への反発や批判は理解できるとしても、そのことは、子どもたち・若者たちに保障されるべき『権利としてのキャリア教育』をないがしろにしてよい、ということを意味するわけではない」という、児美川氏のキャリア教育論に共感します。

以上、『キャリア教育概説』『キャリア教育』『権利としてのキャリア教育（若者の希望と社会）』を見てきましたが、キャリア教育とは何かについては、基本的には、２００４

（平成16）年の文部科学省「報告書」に沿った捉え方になっていることが分かります。それを、それぞれの立場から論じたといえるでしょう。

しかし、これらによって、キャリア教育の理解がどれほど広まり、深まったのかといえば疑問符がつかざるを得ません。それらが相互につき合わされ、交流し合う機会は、日本キャリア教育学会においてもほとんどありませんでした。

次に、２０１１（平成23）年以降、すなわち中央教育審議会答申「今後の学校におけるキャリア教育・職業教育の在り方について」が公表されてから後に公刊されたもの２編、『キャリア教育基礎論』（藤田晃之）と、『キャリア教育論』（寺田盛紀）について見てみます。

この２編は奇しくも、同じ年（２０１４年）に出版された「キャリア教育論」です。ちなみに、「キャリア教育論」というタイトルは、私が知る限りではこの２書がはじめてです。

『キャリア教育基礎論』

『キャリア教育基礎論』は藤田晃之氏によるもので、氏は、前文部科学省調査官（キャリア教育担当）で、現在は筑波大学教授であり、2011（平成23）年の中央教育審議会答申「今後の学校におけるキャリア教育・職業教育の在り方について」のまとめに携わった方です。

本書は、「調査官5年間を振り返りつつ、キャリア教育の基本事項の整理を試みた」ものということです。内容は、

第1章　まずは、キャリア教育をめぐる誤解から脱しよう
第2章　結局、キャリア教育って何？
第3章　教育活動全体を通したキャリア教育の実践とは
第4章　キャリア教育と学習意欲の向上
第5章　職場における体験活動の充実

第6章　担任だからこそできるキャリア教育
第7章　キャリア教育とPDCAサイクル
第8章　調査結果が示すキャリア教育の底力と課題
第9章　現時点におけるキャリア教育の最大の弱み

の9章立てです。藤田氏は「小・中・高等学校の先生方、とりわけ『キャリア教育初心者』の方々にむけて」のものであるといいます。

キャリア教育とは何か（第2章　結局、キャリア教育って何？）については、当然のことながら、答申「今後の学校におけるキャリア教育・職業教育の在り方について」の定義があげられ、キャリアおよびキャリア教育について丁寧に説明されています。さらにキャリア教育の意義についても、答申の「キャリア教育の意義・効果」を引用して詳しく説明しておられます。本書は、キャリア教育について論じるというよりは、説明するということに目的があり、副題の「――正しい理解と実践のために――」からも分かるように、キャリア教育の初心者向けの啓蒙書というべきものといえましょう。

『キャリア教育論：若者のキャリアと職業観の形成』

『キャリア教育論：若者のキャリアと職業観の形成』は、寺田盛紀氏（名古屋大学大学院教授・当時）によるものです。まえがきに、

本書『キャリア教育論：若者のキャリアと職業観の形成』は、キャリア形成・キャリア教育について著者がここ10年間くらいの間に書き残した論稿に若干の章を書き加え、1冊の書物として纏めたものである。2006（平成18）年度以降、講座内の領域名を「職業・キャリア教育学」を名乗っている者としての社会に対する1つのレーゾン・デートルの表明ともいえる。また、2000年ごろから高等学校や大学におけるキャリア教育関連の文部科学省や厚生労働省等の審議会・委員会に身を置き、多少なりともこの分野の諸提言、行政文書の作成に関わってきた者としての可能な範囲での証言的な意味もある。

とあるように、寺田氏はキャリア教育に教育・研究的、行政的に直接関わってきた方です。キャリア教育については、「第2章 キャリア形成・キャリア教育の概念と対象」に詳述されます。「本章では、キャリア研究が必要な理由やわが国における関係諸概念の整理を通して、上位領域としての「キャリア形成学」とその下位領域の一つとしてのキャリア教育学の中身や相互の関連について提案する。」として、キャリア教育概念についても整理しておられます。文部科学省の定義として、①1999年の「接続答申」の定義 ②2004年の文部科学省初等中等教育局キャリア教育会議の定義 ③2011年の中央教育審議会のキャリア教育・職業教育特別部会の定義をあげて、論評し、①は、職業観形成、普通教育・専門教科における職業教育、従来の進路指導の側面を表した、バランスがとれたすぐれたものであると評価しています。

（注）学校と社会及び学校間の円滑な接続を図るためのキャリア教育（望ましい職業観・勤労観及び職業に関する知識や技能を身につけさせるとともに、自己の個性を理解し、主体的に進路を選択する能力・態度を育てる教育）を、小学校段階から発達段階に応じて実施する必要がある。（1999、中教審）

②は、キャリア教育概念を学校現場に普及させ、実践的課題とさせることになったために、議論がキャリア教育概念と進路指導および職業教育との関係の問題に費やされ、一方で「進路指導の取り組みはキャリア教育の中核」をなし、他方、「職業教育は、進路指導とともにキャリア教育の中核をなす」とされています。ただし、この報告書がキャリア教育を衆目の理解しやすさを狙ったためであるのか、それを「端的には……勤労観、職業観を育てる教育」というように単純化したことは、この教育が何か道徳教育や公民教育の印象を与えることになった、と氏はいいます。

（注）「キャリア教育」とは何かを端的に言えば、「児童生徒一人一人の勤労観、職業観を育てる教育」である。「接続答申」では、「望ましい職業観・勤労観及び職業に関する知識や技能を身につけさせるとともに、自己の個性を理解し、主体的に進路を選択する能力・態度を育てる教育」としている。「キャリア」は生活や人生の中で、どのように「働くこと」を意味づけていくかという、人それぞれの生き方や価値観、勤労観、職業観などと深く結びつきながら、また、具体的な職業や職場などの選択・決定やその過程での諸経験を通して、個々人が時間をかけて徐々に積み上げ、創造していくものである。「キ

ャリア」の形成にとって重要なのは、個々人が自分なりの確固とした勤労観、職業観を持ち、自らの責任で「キャリア」を選択・決定していくことができるよう必要な能力・態度を身につけていくことにある。とりわけ、初等中等教育段階では、キャリアが子どもたちの発達段階やその発達課題の達成と深くかかわりながら段階を追って発達していくこと、つまり、「キャリア発達」を支援していくことが重要となる。このことを踏まえ、本協力者会議においては、「キャリア教育」を「キャリア概念」に基づいて「児童生徒一人一人のキャリア発達を支援し、それぞれにふさわしいキャリアを形成していくために必要な意欲・態度や能力を育てる教育」ととらえている。（2004、キャリア教育推進会議報告書）

③では、２０１１年に中央教育審議会によって「キャリア教育とは、一人一人の社会的自立に向け、必要な基盤となる能力や態度を育てることを通して、キャリア発達を促す教育である」と定義されました。寺田氏は、

その基盤となる能力や態度（＝キャリア発達の中身）を「基礎的・基本的な知識・技能」「基礎的・汎用的能力」「論理的な思考力・創造力」「意欲・態度及び価値観」

「専門的な知識・技能」を含ませるものとされた。筆者が再々主張したことでもあったが、目的における「職業的自立」の側面、内容における「基礎的・基本的な知識・技能」（普通教育・一般教養）と「専門的な知識・技能」（職業教育・専門教育）におけるキャリア教育を想定した理論的整理がなされた。

としています。キャリア教育の最初の定義（１９９９年の「接続答申」）が「なかなかバランスがとれたすぐれたもの」であり、２０１１年の中央教育審議会答申の定義で「理論的整理がなされた」というのです。

氏は更に、キャリア教育に関連するいくつかの重要な概念、キャリア発達、キャリア開発、キャリアデザイン、キャリア形成について整理したうえで、

人間の発達や停滞、変容、教育的働きかけ、更に社会・経済的メカニズム、ライフサイクル・人生設計などとの関連で、一生涯にわたる人間のキャリアのありようを学際的に究明しようとする場合、「キャリア形成」という、意図的と非意図的の更に個人的と社会的・集団的の両方の意味を包み込んだ用語をあてるのが適切であろう。

といいます。キャリア形成を「児童・生徒・学生から成人・高齢者に至るまでのキャリア発達の視点に基づき、個人レベルのキャリアデザインや進路選択、キャリア学習と、組織・行政レベルの計画的キャリア教育・職業訓練（能力開発）および家庭・地域、学校教育や産業組織の職業的・生活的キャリア創出に関する非公式的作用の総体的・連続的過程」と定義し、「キャリア形成学」を提案しておられます。

職業教育、教育学の立場からキャリア教育に関わり、「キャリア教育学」ではなく「キャリア形成学」という学問領域を提案するに至る寺田氏のキャリア教育論は、キャリア教育を実践と研究の両面からとらえるものと評価できます。

以上、キャリア教育とは何かについて、これまでに公刊された著書のうちの主要なものについて見てきました。キャリア教育は、文部科学省の定義として、

①１９９９年の「接続答申」の定義
②２００４年の文部科学省初等中等教育局キャリア教育会議の定義
③２０１１年中央教育審議会答申のキャリア教育・職業教育特別部会の定義

の三つに集約されます。その取りまとめ作業の中心におられたのは、①は鹿島研之助氏、②は鹿島氏と渡辺三枝子氏、③は藤田晃之氏、渡辺三枝子氏、寺田盛紀氏であり、これら四氏の考えが、それぞれの時の答申・報告書に反映されたように思われます。特に渡辺三枝子著、寺田盛規著と藤田晃之著の書籍に、それを見ることができます。

児美川孝一郎氏は『権利としてのキャリア教育（若者の希望と社会）』で、キャリア教育の中核的観点として「関連性（レリヴァンス）」を指摘されていますが、中核的観点ということからすれば、渡辺氏は「自立」、寺田氏は「キャリア形成」ということになるでしょう。

これら三つは、キャリア教育とは何かを考える時の不可欠な観点といっていいでしょう。これに加えて、私は「キャリア発達」がキャリア教育の中核的観点だと考えます。

キャリア教育の定義は、結局、２０１１年の中央教育審議会答申のキャリア教育・職業教育特別部会の定義に収束します。この定義の意味するところを、どうすればよりよく理解されるようになるのか、それが今後の課題です。

『新版キャリア教育概説』

2020年に『新版キャリア教育概説』が出版されました。前に取りあげた『キャリア教育概説』の改訂新版で、日本キャリア教育学会編によるものです。

Ⅰ キャリア教育の理念と性格〔1 キャリアとは何か 2 キャリア教育とは何か 3 キャリア教育と進路指導 4 キャリア教育と職業教育 5 職業指導 進路指導からキャリア教育へ〕に、キャリア教育の定義として、2011年に中央教育審議会が「一人一人の社会的・職業的自立に向け、必要な基盤となる能力や態度を育てることを通して、キャリア発達を促す教育」であるとしたうえで、日本キャリア教育学会としてのキャリア教育に関する公式の見解が紹介されています。

「キャリア教育の基本原則」は次の5か条からなっている。

①キャリア教育は、生涯にわたる取り組みである。従来、学校教育段階もしくは就労・職業訓練への移行時に行われてきたが、この変化の激しい社会状況では、キャリア教育を、生涯にわたる生活、学習、就労の全てで提供する必要がある。特に、社会人になった後も移行機会が増えることが考えられ、個人は自らのキャリアを自分のものとして考えることが求められる。そのための準備、社会人になったのちのキャリア教育の提供が必要となる。

②年齢、性別、人種、民族、思想、障害、性的指向等によらず、また、本人の就労形態、職業の違い、地理的な距離、報酬の有無、労働市場の状況にかかわらず、誰もが適切な資質能力を有する実践者からキャリア教育を受ける権利を有する。

③キャリア教育は様々な主体によって提供することができる。その主体には、小学校、中学校、高等学校、特別支援学校、大学、短大、専門学校、矯正施設、地域、ＮＰＯ、公的機関、職業安定所、自治体、経済団体、企業などが含まれ、かつ、これらに限定されるものではない。

④キャリア教育を必要とする場合、適切な資質能力を有する実践者からこれを受けるべきである。実践者は、最近の優れたキャリア教育を提供するために、あらかじめ専門的な養成教育を受けるだけでなく、継続的な研究と修養が必要である。

⑤キャリア教育の実践者が担うべき責任は、個人に対して直接的に指導や支援等を提供することによってのみ達成されるものではない。実践者は、各人のキャリア形成に影響を及ぼす関係者や関係機関等のあらゆる側面に対して必要な改善を促すことができる。（日本キャリア教育学会、２０１８年）

これは、キャリア教育の定義から更に進めて、キャリア教育の在り方の基本を明記したもので、キャリア教育を考えるうえで一歩前進したといえるでしょう。

第六章

キャリア教育の二本の柱

職場体験活動

２００８年の渡辺三枝子氏による「キャリア教育は実践すべき具体的な教育内容を規定するものではなく、具体的な教育活動の進め方でもありません。今実践されている教育を見直し、改善するための理念であり、その方針を示すものです」からすれば、キャリア教育には特定の活動や指導方法はありません。しかし職場体験活動は、キャリア教育の当初から、というよりそれ以前にも、進路指導の重要な取組として行われていました。

「キャリア・スタート・ウィークとは、子供たちの勤労観、職業観を育てるために、中学校において連続五日間以上の職場体験を行う学習活動です。中学校で連続五日間以上の職場体験を行うにあたり、地域での協力体制の構築が重要です。そのためには、教師のキャリア教育に対する共通理解はもとより、職場体験の機会の確保など社会全体、国民一人一人の協力が必要となります。キャリア教育の一層の推進を図るため『おとなへの一歩、社会に挑む』

を標語とし、十一月を『職場体験チャレンジ月間』として設定しています」（文部科学省、パンフレット、２００６年）というように、「キャリア・スタート・ウィーク」が、中学校のキャリア教育の中心的な活動として推奨されました。まさにそれは、キャリア教育の「具体的な教育活動」ともいえるようなものとして提唱されたのでした。パンフレットは、職場体験活動については以下のような効果が期待されるとしています。

○生徒にとっては
・自己の理解を深め、新たな自分を発見することを促進する
・学校の学習と職業との関係についての理解を深め、学習に対する意欲を向上させることができる
・異世代とのコミュニケーション能力の向上が図れる
○学校にとっては
・教育活動の見直しの機会となる
・教員の意識改革を促進することができる
・保護者や地域に対するキャリア教育の理解を促進することができる

○教職員にとっては
・職業に対する理解を深めることができる
・生徒の多様な個性を理解し、深めることができる
・地域や事業所等への理解を深めることができる
○家庭にとっては
・家族の役割を再認識できる
・キャリア教育に対する理解を深めることができる
・家族の会話の機会を促進し、会話の内容も広げることができる
○保護者にとっては
・子どもたちの働く姿から、子どもの新たな一面を発見することができる
・学校でのキャリア教育の具体的な取り組みに対する理解を深めることができる
○地域にとっては
・子どもたちや地域への理解を深めることができる
・地域の活性化に寄与できる
・地域が一体となって子どもたちを育てていこうという気運を高めることができる

○事業所にとっては
・次代を担う人材を育成できる
・企業の社会的役割を具現化し、企業価値を高めることができる
・職場を活性化し、違った側面での社員教育にもなる

まさに、いいことずくめの職場体験活動！　といった感じです。

職場体験活動は、中学校キャリア教育の重要な取組と考えられ推奨されたのですが、中学校だけでなく、また職場だけでなく、広く「キャリア教育体験活動」として位置付けられ推進が図られるようになりました。その具体例が、２００９年に文部科学省国立教育政策研究所によって事例集（キャリア教育体験活動事例集―小・中・高・大学や教育委員会、家庭や地域社会との連携・協力―）としてまとめられています。

事例集は、キャリア教育にかかわる体験活動等の意義を、次のようにいいます。


体験活動等には、職業や仕事の世界についての具体的・現実的理解の促進、勤労観、職業観の形成、自己の可能性や適性の理解、自己有用感等の獲得、学ぶことの意義の

理解と学習意欲の向上等様々な教育効果が期待され、事実、実施したほとんどの学校から、こうした面での大きな成果が報告されている。

職業と生活の分離が進み、子どもたちが生き生きと働いている大人の姿を見ることが少なくなった今日、子どもたちは、仕事は我慢してやらなければならないもの、苦労するものといった意識だけを持ちがちであるが、職場体験やインターンシップ等を通して、やりがいを持って仕事をしている人たちから直接話を聞いたり、世の中にはこんな仕事がある、仕事にはこんなやりがいや面白いことがあると教えられたりすることは、子どもたちに新鮮な驚きと発見をもたらし、職業ひいては大人社会への認識を改めるきっかけになっている場合も少なくない。体験を通して得られるこのような自己への期待感や大人との信頼関係は、子どもたちが抱えている不安を解消し、次の段階に踏み出していくエネルギーの源となるものでもある。

体験活動には、このほか、学校と社会をつなぐという重要な役割がある。一面的な情報に流され、社会の現実を見失いがちな現代の子どもたちに、現実に立脚した確かな認識をはぐくむ上でも、体験活動等の充実は欠かすことのできないものである。

〈表6〉小学校・中学校・高等学校の各学校段階における体験活動とキャリア教育

発達課題	小学校 低学年	小学校 中学年	小学校 高学年	中学校	高等学校
学校段階の役割 (教育課程審議会答申 平成10年7月)	個人として、また国家・社会の一員として社会生活を営む上で必要とされる知識・技能・態度の基礎を身に付け、「豊かな人間性」を育成するとともに、自然や社会、人、文化など様々な対象とのかかわりを通じて自分のよさ・個性を発見する素地を養い、自立心と培うことが求められていること。			義務教育の最終段階として、また、中等教育の前期として、個人として、また、国家・社会の一員として社会生活を営む上で必要とされる知識・技能・態度を確実に身に付け、「豊かな人間性」を育成するとともに、自分の個性の発見・伸長を図り、自立心を更に育成していくことが求められていること。	高等学校においては、義務教育の基礎の上に立って、自らの在り方生き方を考えさせ、将来の進路を選択する能力や態度を育成するとともに、社会についての認識を深め、興味・関心等に応じ将来の学問や職業の専門分野の基礎・基本の学習によって、個性の一層の伸長と自立を図ることが求められていること。
成長の過程と体験活動の工夫の観点	体験活動から「気づき」の生まれる時期	社会に広がっていく時期		内面との結びつきが意味を持つ時期	大人の社会を展望する時期
	・子どもの中で活動がつながるようにする。 ・場になじみ安心して活動できるようにする。 ・自分たちの生活や活動とつながるようにする。 ・物事の本質に根ざした気づきが生まれるようにする。	・自分とのかかわりを明確にし、主体的に取り組めるようにする。 ・社会に目を向け、多くの人々とかかわれるようにする。 ・体験活動と教科等での学習をつなげていく。 ・体験活動を振り返り意味を考える。		・自分の内面の世界を表現する。 ・級友と共に活動し心を揺さぶられる体験をする。 ・大人の世界に加わり一定の役割を果たす。 ・自分たちの取組を社会に発信していく。	・自分の力を伸ばす挑戦をする。 ・実際の現場を知り社会の問題について考える。 ・人に尽くしたり、社会に役立つことに取り組む。 ・自分がかけがえのない存在であることを実感する。
教育課程上の位置付け	生活科 特別活動 各教科	特別活動 総合的な学習の時間 各教科		特別活動 総合的な学習の時間 各教科	特別活動 総合的な学習の時間 各教科・科目
キャリア教育関連 キャリア発達 段階	進路の探索・選択にかかる基盤形成の時期			現実的探索と暫定的選択の時期	現実的探索・思考と社会的移行準備の時期
キャリア教育関連 キャリア発達 課題	・自己及び他社への積極的関心の形成・発展 ・身のまわりの仕事や環境への関心・意欲の向上 ・夢や希望、憧れる自己イメージの獲得 ・勤労を重んじ目標に向かって努力する態度の形成			・肯定的自己理解と自己有用感の獲得 ・興味・関心等に基づく勤労観・職業観の形成 ・進路選択の立案と暫定的選択 ・生き方や進路に関する現実的探索	・自己理解の深化と自己受容 ・選択基準としての勤労観、職業観の確立 ・将来設計の立案と社会的移行の準備 ・進路の現実吟味と試行的参加
キャリア教育関連 活動例	・地域の探検 ・家族や身近な人の仕事調べ・見学 ・インタビュー ・商店街での職場見学 ・中学校の体験入学			・家族や身近な人の職業聞き取り調査 ・連続した5日間以上の職場体験 ・子ども参観日（家族や身近な人の職業へ） ・職場の人と行動を共にするジョブ・シャドウイング ・上級学校の体験入学	・インターンシップ（事業所、大学、行政、研究所等における就業体験） ・学校での学びと職場実習を組み合わせて行うデュアルシステム ・上級学校の体験授業 ・企業訪問・見学

参考：「高等学校インターンシップ事例集」（文部科学省　平成13年3月）
「体験活動事例集」（文部科学省　平成14年10月）
「中学校職場体験ガイド」（文部科学省　平成17年11月）

〈表6〉は、小・中・高等学校における体験活動とキャリア教育を示すものです。

「職場体験におけるキャリア教育の目標は、実際に仕事を体験することで、「働くことと自分」、そして「学校の学びと社会」とを関係づけ、働くことの意味を考えたり、自分の生活が社会のいろいろな人の力によって支えられている現実に気づく生徒を育てること」と渡辺氏はいいます。

「職場体験の期間に関しても、必ず五日間実施しなければキャリア教育にならないわけではありません。一日や二日よりは、五日間―つまり一週間の労働時間―きっちり働いた方が、キャリアという言葉が意味している「仕事を通して生きていく」体験ができることは確かです。しかし逆に、五日間仕事を経験しても、生徒が自分と働くこととを関係づけられなかったり、職場体験をしたために学校生活がつまらなくなったりするようなことがあれば、これはキャリア教育とは言えなくなります」という渡辺氏の指摘は、職場体験の期間、職場体験の意味、職場体験の在り方について重要な示唆を含んでいます。職場体験はキャリア教育の、特に中学校のキャリア教育の中心的な活動と考えられていますが、職場体験さえ行えばキャリア教育だ、ということでは決してないことを忘れてはなりません。

仙台市教育委員会では、仙台版キャリア教育として、「仙台自分づくり教育」を推進しています。その中核となるのが、職場体験活動です。

次ページに示す資料を見ていただきましょう。注目していただきたいのは、確かに職場体験活動が中核ではありますが、それだけではなく、キャリア教育全体の構想のなかにきちんと位置付けられているということです。職場体験さえ行えばキャリア教育だ、ということではないことが、お分かりいただけると思います。


その職場体験活動が、今、危機に直面しています。新型コロナウィルス感染症の感染対策などの影響で、状況によっては、行うことが難しい局面が増えてきました。労働の現場での職場体験活動が行えない場合、代替として、一体どのようなことが考えられるでしょうか。バーチャルで行ったとしても、それが「体験」となるでしょうか。

改めて、職場体験活動の意義を考え、今後の在り方を考えなければなりません。職場体験活動とは何なのか。それがどのような意義や効果をもつのか、ということです。

職場体験活動の本質は「体験的理解」にあると私は思っています。働くことや職業について、「知っている」ことと、「分かっている」ことはちがいます。「知る」は情報的理解、

仙台自分づくり教育

仙台市では児童生徒一人一人が確かな学力を身に付けるとともに、人との関わりを大切にしながら、社会人として、時代の変化を受け止め、未来を切り拓いていく力を育むことをねらいとした仙台版キャリア教育「仙台自分づくり教育」を推進しています。

仙台市生活・学習状況調査の結果から、「将来の可能性を広げるために、勉強をがんばっている。」と意欲的に答える児童生徒が増えており、目標意識が高まってきていることがうかがえます。職場体験活動等の仙台自分づくり教育を通して、様々な職業の価値や働く意義について学ぶことにより、社会的・職業的自立に必要な力が身に付いてきていると考えます。職場体験活動等を通して、社会には様々な職業が存在し、働いている人々は仕事にやりがいを持っていることを理解させることが大切です。自分の将来について広い視野から考えさせ、今の勉強が将来につながっていることを意識させるためにも、仙台自分づくり教育へのご協力をお願いいたします。

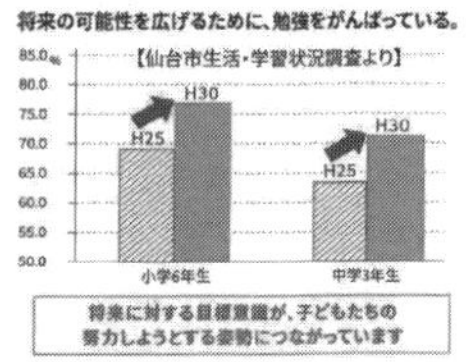

つまり知識をもつことです。「分かる」は気付き、了解し、納得することです。体験的理解とは、まさにこの「分かる」ということです。職場体験を通して、働くことや職業について、生徒一人一人がそれぞれに気付き、了解し、納得すること。それこそが職場体験活動の意義であると思うのです。

ただ、職場体験活動を行えば自動的に生徒は職業について気付き、了解し、納得するわけではありません。職場体験の後で、生徒一人一人がそれぞれの体験を振り返り、自分なりに語ることではじめて「分かった！」ことになるのです。これは、生徒一人でできるものではなく、教師との対話のなかでできることです。教師が、生徒一人一人に寄り添い、体験を引き出し、共有することが必要です。

このように考えれば、職場体験活動は、必ずしもこれまでのような形である必要はない、ということではないでしょうか。働くことや職業についての体験は、「新しい生活様式」のなかでも、可能であるはずです。

「キャリア・パスポート」

2016（平成28）年の中央教育審議会の答申「幼稚園、小学校、中学校、高等学校及び特別支援学校の学習指導要領等の改善及び必要な方策等について」に、以下のような記述があります。

学校と社会との接続を意識し、子どもたち一人ひとりに、社会的・職業的自立に向けて必要な基盤となる能力や態度を育み、キャリア発達を促すキャリア教育の視点も重要である。

キャリア教育については、中央教育審議会が平成23年1月にまとめた答申「今後の学校におけるキャリア教育・職業教育の在り方について」を踏まえ、その理念が浸透してきている一方で、例えば、職業体験活動のみをもってキャリア教育を行ったものとしているのではないか、社会への接続を考慮せず、次の学校段階への進学のみを見据えた指導を行っているのではないか、職業を通じて未来の社会を創り上げていくという視点に乏しく、特定の既存組織のこれまでの在り方を前提に指導が行われているのではないか、といった課題も指摘されている。また、将来の夢を描くことばかりに力点が置かれ、「働くこと」の現実や必要な資質・能力の育成につなげていく指導が軽視されていたりするのではないか、といった指摘もある。

こうした課題を乗り越えて、キャリア教育を効果的に展開していくためには、教育課程全体を通じて必要な資質・能力の育成を図っていく取り組みが重要になる。小・中学校では、特別活動の学級活動を中核としながら、総合的な学習の時間や学校行事、特別の教科道徳や各教科における学習、個別指導としての進路相談の機会を活かしつつ、学校の教育活動全体を通じて行うことが求められる。高等学校においても、小・中学校におけるキャリア教育の成果を受け継ぎながら、特別活動のホームルーム活動を中核とし、総合的な探究の時間や学校行事、公民科に新設される科目「公共」をはじめ各教科・科目等における学習、個別指導としての進路相談等の機会を生かしつつ、学校の教育活動全体を通じて行うことが求められる。

このように、小・中・高等学校を見渡した、かつ、学校の教育活動全体を通じたキャリア教育の充実を図るため、キャリア教育の中核となる特別活動について、その役割を一層明確にする観点から、小・中・高等学校を通じて、学級活動・ホームルーム活動に一人一人のキャリア形成と実現に関する内容を位置づけるとともに、「キャリア・パスポート（仮称）」の活用を図ることを検討する。

子供一人一人が、自らの学習状況やキャリアの形成を見通したり、振り返ったりできるようにすることが重要である。そのため、子供たちが自己評価を行うことを、教科等の特質に応じて学習活動の一つとして位置づけることが適当である。例えば、特別活動（学級・ホームルーム活動）を中心としつつ、「キャリア・パスポート（仮称）」などを活用して、子供たちが自己評価を行うことを位置づけることなどが考えられる。その際、教員が対話的に関わることで、自己評価に関する学習活動を深めていくことが重要である。

これを受けて、文部科学省初等中等教育局児童生徒課は〝「キャリア・パスポート」例示資料等について〟として、100ページに及ぶ資料を示しています。当局の力の入れ方がよく分かるものですが、その最初に、「キャリア・パスポート」の必要性と背景、名称、目的、定義、指導上の留意点と管理が示されています。

目的

小学校から高等学校を通じて、児童生徒にとっては、自らの学習状況やキャリア形成を見通したり、振り返ったりして、自己評価を行うとともに、主体的に学びに向かう力を育み、自己実現につなぐもの。教師にとっては、その記述をもとに対話的にかかわることによって、児童生徒の成長を促し、系統的な指導に資するもの。

定義

「キャリア・パスポート」とは、児童生徒が、小学校から高等学校までのキャリア教育に関わる諸活動について、特別活動の学級活動及びホームルーム活動を中心として、各教科等と往還し、自らの学習状況やキャリア形成を見通したり振り返ったりしながら、自身の変容や成長を自己評価できるよう工夫されたポートフォリオのことである。

なお、その記述や自己評価の指導に当たっては、教師が対話的に関わり、児童生徒一人一人の目標修正などの改善を支援し、個性を伸ばす指導へとつなげながら、学校、家庭及び地域における学びを自己のキャリア形成に生かそうとする態度を養うよう努めなければならない。

目的と定義がうまく整理されているとはいえない気もしますが、この二つをあわせてみると、「キャリア・パスポート」の在り様がよく分かります。「キャリア・パスポート」は、キャリア教育の中核となる特別活動で、子供一人一人が、自らの学習状況やキャリアの形成を見通したり、振り返ったりできる子供たちが自己評価を行うことを、教科等の特質に応じて学習活動の一つとして位置付けられるということです。

具体例を見てみましょう。

島根県教育委員会は「明日のしまねを担うキャリア教育推進事業」で、「キャリア・パスポート」を活用しています。

「キャリア・パスポート」の役割は

（1）学ぶことと自己の将来とのつながりを見通しながら、社会的・職業的自立に向けて必要となる資質・能力を身に付けていく
（2）学校、家庭及び地域における学習や生活の見通しを立て、学んだことを振り返り、新たな学習につなげたり、将来の生き方を考えたり、
（3）各教科と往還しながら、主体的な学びに向かう力を育て、自己のキャリア形成に生かす

小学校から高校までの12年間の記録を蓄積することです。

子供たちに身に付けてほしい力として、「主体的に課題を見つけ、様々な他者と協働しながら、答えのさだまらない課題にも粘り強く向かっていく力（主体性、協働性、探究性）を設定し、学校段階に応じて項目化しています。

「キャリア・パスポート」に取り組むことによって、子供たちはこれまでの様々な学びに気付き、それらをつなぎ合わせることで、自分自身を知ることになります。つまり、気付きをつなぐことで、自分が見えてくる。さらにそれがこれまでの気付きとつなげられるこ

とで「キャリア」が見えてくるというわけです。

島根県立大東高等学校の「キャリア・パスポート」は、次のように呼びかけます。

「キャリア・パスポート」とは

高校3年間の、学びの過程を振り返り、自分の成長を感じたり、将来の生き方を考えたりするためのファイルです。

『学び』は、学校の授業だけでなく、地域での学び、部活動での学びなども含みます。

「挑戦」や「失敗」無くして、「成長」はありえません。

たくさん挑戦し、たくさん失敗し、挫折を経験してください。

そして、「逆境に負けない力」を身に付けるため、その時のことを、あなたの言葉で綴っておきましょう。

このファイルは、「評価」されるものではありません。

あなた自身の言葉で、あなた自身の学びを確認していってください。

「対話」を大切にしましょう。

友達との対話、先生との対話、家族との対話、地域の人との対話、初対面の人との対話、などを通して、異なる視点から意見をもらい、ともに考えましょう。

時とともに、自分の考え方が変わるのも当然起こりうることです。変化を受け止め、新しい自分と向き合いましょう。


これこそまさに、キャリア教育が目指すキャリア発達、キャリア形成の姿ではないでしょうか。それが、ここに端的に表現されているように私には思われるのです。


次は、「『キャリア・パスポート』で日々の授業をつなぐ―大館ふるさとキャリア教育―」です。

秋田県大館市は、市内の全小学校・中学校で、「大館ふるさとキャリア教育」を学校経営の柱に据え、取り組んでいます。

「未来大館市民の育成」を理念とし、おおだて型学力（自立の気概と能力を備え、ふるさとの未来を切り拓く総合的人間力）を培うことをすべての教育活動を通して行っています。おおだて型学力を鍛える授業や、子どもハローワーク、百花繚乱作戦といった活動によって、日々の授業や体験的な活動などを通じて、多面的に働きかけています。このなかで、「キャリアノート」が活用され、日々の児童生徒の変容・成長を「キャリアノート」に蓄積していくのです。

ここに示すのは、秋田県大館市立第一中学校の資料です。校長（当時）の小林一彦氏が、2018（平成30）年度全国キャリア教育研究協議会資料として作成されたものです。資料のなかで、小林先生は次のように記しておられます。

定期的にキャリアノートで自分を振り返ると、成長した自分が見えてくる。「あの時はこう考えていたんだな」とか「あの時の自分はこんなだったんだな」などと感じることができる。単に感傷的になるのではなく、自分のキャリア発達を振り返ることで、次につなげることができる。そして基礎的・汎用的能力育成に直結する大切なツールになる。

キャリア教育におけるポートフォリオを用いた評価とその活用

秋田県のキャリアノート等の活用の方向性について

平成３０年５月２９日

所属する学校	秋田県大館市立第一中学校
氏　　　名	校長　小林　一彦

１　秋田県版「キャリアノート」から

（１）　キャリアノート（「あきたでドリーム」）

秋田県では今から７年前，平成２３年度から全県一斉にを活用している。毎年記入されているので，

○現在の中学３年生は小学３年生のときから
○現中の中学１年生は小学１年生のときから

の記入が蓄積されている。

このノートは，毎年４月には，

○小学校から中学校へ指導要録と共に中学校へ
○中学校から高等学校へは本人が届ける。

という形をとっている。

（２）　本校で留意している事項

①年２回は保護者に返し，生徒の活動の振り返りをとらえてもらい，保護者記入の欄に感じたことや子どもへの願いや励ましのコメントを記入してもらう。本校では１回目７月前半，２回目２月末に設定し，学期末にならないようにし，保護者からのコメントが年度中に生徒の成長に生かされるようにしている。

②活動の記録を「特活ファイル」と「総合ファイル」にストックし，定期的にファイルの整理・整頓を行いながら，記憶の混乱を避けるため，未記入などチェックしている。

③人の記憶は結構，曖昧なため，「キャリアノート」記入の際は，「特活・総合ファイル」を必ず活用して，リフレクションを行うようにしている。

「特活ファイル」と「総合ファイル」

④行事後は，キャリアノートに直接記入するのではなく，活用したプリントや資料を，本人が記入し，教師や保護者が赤書きのコメント等をプリントで残し，「特活ファイル」または「総合ファイル」に(ポートフォリオ型の)ファイリングをしている。

⑤このファイリングではプリントや資料がどんどん増えていくため，年２回(夏・冬に)時間をとり，プリントを自分の手で精査し，次学年につなげていく。この整理が振り返りとなり，将来とのつながりや自分のキャリア発達の状況を捉えるよい機会となる。

この「特活・総合ファイル」は次学年でも活用できることを確認している。

２　秋田県版キャリアパスポート(キャリアノート)のよさ

(１)　自分の成長の跡が見える

長い年数(現在７年目)を振り返ると，その成長の跡がはっきりと分かる。文字が小学校３年生と現在のものとは，次のように全く違い，数ページをめくるだけで，当時自分が考えていた将来像との違いも見えてくる。

小学３年(Ｈ２３)　→・→　７年後　→　→　中学３年(Ｈ３０)

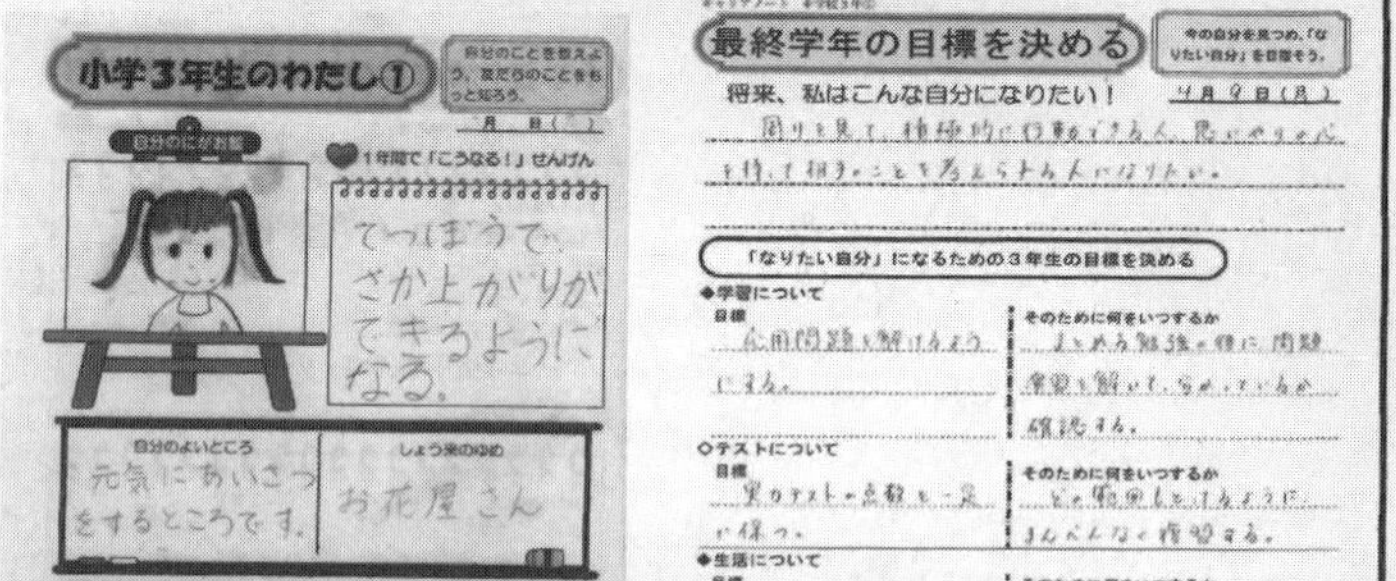

また，教師サイドから見ても，これまで「どんな先生方に」「どのような指導・支援」を受けてきたのかも見取ることができ，たいへん参考になる。秋田県のキャリアノートは年に約３ページで９年間で２７ページほどになる。このキャリアノートは高校にそのまま引き継がれていく。

高校の先生方は，「どんなことを考え，どんな活動をしてきたのかがよく分かり，たいへん参考になる。」「面接練習やＡＯに十分役立つ。」といった感想を述べている。

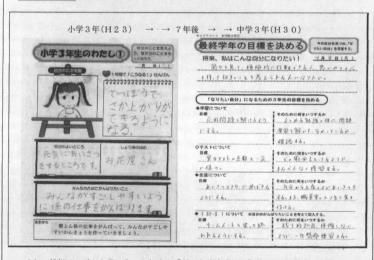

3　キャリアノートを活用した学習

（1）「キャリアノートを活用した振り返りから未来に向けた強い気概を考える学習」中３生

卒業を間近に控えた２月の学活。３年間及びこの９年間の成長を振り返り，仲間同士で共有する。それをホワイトボードに記入し，発表し，キャリア発達を個人でも集団でも共有する。友達の考えも尊重することで，自分の考えを確かにすることができる。

「訪問者（文科省）の授業中の質問に淡々と応える３年生」。この時点ですでに保護者からのコメント（手紙）も学担からのコメントもキャリアノートには書かれている。生徒は「自分の変容」や「将来とのつながり」を振り返り（リフレクション）の視点として考え，明確にとらえ，「今後どうなっていくのか」ということにまで話を発展させた。

「単にキャリアノートを使う」とか「キャリアノートを書くための学習をする」のではない。基礎的・汎用的能力を身に付け，力強く生活していくためのノートであり，その活用である。

自分の将来は自分で決める。しかし，感覚だけで決めるのではなく，これまでの経験や体験，様々な方々からのアドバイス。現在の状況。など多くの情報から選択しなければならない。つまり「意思決定の力」を身に付けさせる普段からの学習が大切になる。

意思決定のみが学習の目標ではなく，意思決定が今後どのような展開（人生）になっていくのかを真剣に考え，行動していくことに目標がある。

（2）「2年生のキャリア発達の振り返りの板書」

2年生2月に最高学年になるにあたってという学習である。これまでの学習と生活について成果と課題を個人と全員の内容を比較し，共有し，キャリアノートに，今後自分に必要な能力について記述していく。その後，保護者からのコメント，学級担任からのコメントと続いていく。単なる決意表明ではなく，今後自分はどうなっていくのかを考えた。（普段の学習より）

4　基礎的・汎用的能力を向上させる教育課程全体での取組

（1）　「追究型学習＝教わるからの卒業」について

「基礎的・汎用的能力」の育成のため，各教科・領域において追究型学習を行い，「主体的な学び」を通じて，学んでいることを自己のキャリア形成の方向生と関連付ける。そして身に付いた「基礎的・汎用的能力」を各教科の学びに活用していく。それが次の①～③(P5)である。

追究型学習は，全教科・領域で実践している。教科等によって実践しにくいという考えもあるが，次のように単元や題材のとらえ方の発想を少し変えるだけで，より深い学びにつながる。

実践1	「本時のねらいを達成する追究型の学習課題の設定(意図的引き出し)」
実践2	「授業の中に追究・実験・比較・検討・発表などの学習活動の導入」
実践3	「提示課題を用いて，本時の振り返り」（次につなげるリフレクション）

生徒指導の機能をベースとしながら，①～③の能力・資質を身に付ける実践を各教科・領域

で 行っている。①～③は授業の流れではなく向かう方向生・生徒像であり，実践１～３(P4)はほとんどの授業の中で実践する事項である。具体的には，「振り返り(リフレクション)」の場面で次のように「基礎的・汎用的能力」につなげていく。

① 多様な他者の考えや立場を理解し，自分の考えを正確に伝える。(人間形成)
② 自分の可能性を理解し，主体的に行動する。(自己理解・自己管理)
③ 課題を発見・設定し，比較・検討し，解決する。(課題対応)

次のような「追究型学習」をすることで，生涯に渡って学び続ける人間が育成されていくと考えている。学校行事を含め教育課程全体で「追究型」を実践している。

「多様な他者の考えや立場を理解し・・」→

↑「一人一人が認められ『自分の考えを正確に伝える。』」↑

↑「課題を発見・設定し，比較・検討し，解決する。」↑

5　これまで訪問者から質問を受けたこと

～基礎的・汎用的能力を向上させる教育課程全体での取組～

（1）　キャリアノートでの次につなげる振り返り（リフレクション）について

定期的にキャリアノートで自分を振り返ると，成長した自分が見えてくる。「あのときはこう考えていたんだな。」とか「あのときの自分はこんなだったんだな。」などを感じ取ることができる。単に感傷的になるのではなく，自分のキャリア発達を振り返ることで，次につなげることができる。そして基礎的・汎用的能力育成に直結する大切なツールとなる。

「次につなげるリフレクション」（本校で実施）については全教育活動で行っている。キャリア教育を全教育活動で行っているため，各教科・領域において「追究型の生徒」の生徒を育成している。「追究型学習」では自らが学習課題を設定し，学び続ける生徒が目標である。キャリア教育が根底及び基軸にある学習である。

（2）　キャリアノートを別のところでの活用について・・・①

現在活用のキャリアノートそのものだけでは不十分であり，補助資料や補助学習材が必要である。キャリアノート活用の大きな利点は，年度をまたいで蓄積してきた自分の成長を一瞬で見る・感じる・確認することができるところにある。これは保護者も同じであり，コメントを記入してもらうだけではなく，保護者に学校でどんな活動をし，その過程でどのように成長したかを知らせる機会にもなる。大館市では，訪問した職場や体験先の方々からいただいたコメント等もキャリアパスポートとしてキャリアノートに添付して活用している。

（3）　「『問い』を入れるとポートフォリオとして活用しやすいが，どんな質問か」について

「未来の自分に対して」コメントするというという「問い」はどうか。

どう伝えたらよいかとか，どんなことを語ったらよいかを考えることになるが，今の自分と比べる素材のない状態で，未来の自分に問いかけたり，アドバイスしたりしたいことはたくさんあると思う。未来の自分を想起する際，授業も行事も自分を成長させるためにやっているんだということに結び付けることが大切である。このノートがあると結び付けることが容易にできる。キャリアノートやポートフォリオを活用するする際の留意点として，書き留めてあったことが，自分の成長とどう結び付いていくのか，見える・分かるようにし，その時の感覚だけで記入するのではなく。過去をしっかり振り返ることで未来が見えてくるのではないか。

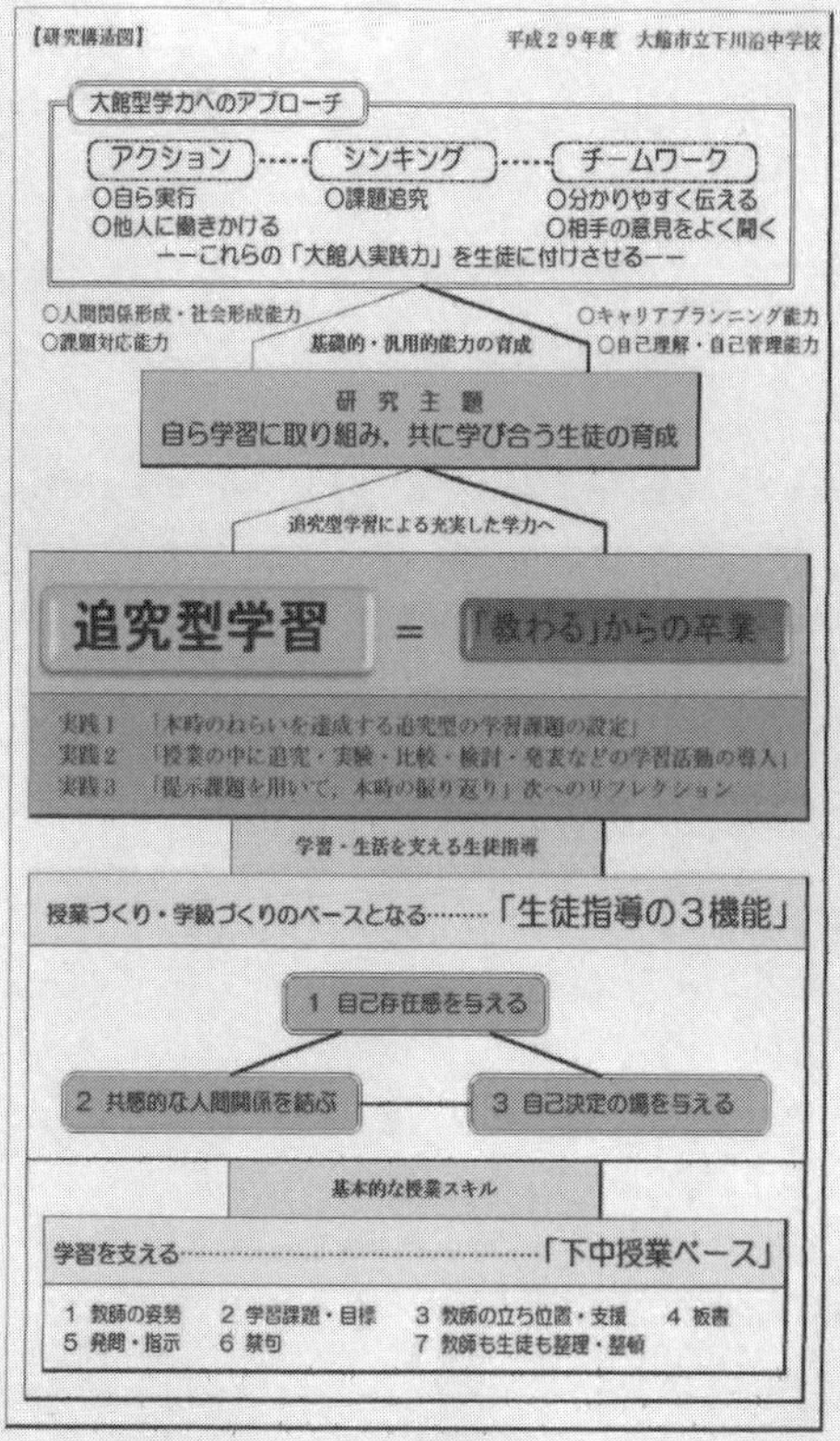

（４）　追究型学習の概要について

大館市では，「大館型学力」を設定している。これは基礎的・汎用的能力に迫る内容と近いものがあり，本市では「ふるさとキャリア教育」という名で全小・中学校で取組が行われている。本校では，そのアプローチとして左にあるような「追究型学習」を全教科・領域で行っている。特に実践１～３に力を入れている。キャリア教育が機能し，順調に育っている状況にあり，小規模校ながら非常にたくましい生徒がほとんどである。

よりたくましい生徒を育てる観点から，各教科でも負担なく使えるキャリアノートあるいは，蓄積ファイルが連続的に有効活用されるとその効果は上がる。物事を自ら追究していく学習（基礎的・汎用的能力育成）とキャリアノートはつながりをもたせ，自分らしい生き方の実現に結び付けたい。

（５）　追究型学習での学習課題設定とリフレクション（振り返り）について

学習課題を生徒から意図的に引き出していく過程で重要なのは，その学習課題がリフレクションまで耐えられるかである。追究型学習では学習課題設定が肝である。決まった答えを出すようなタイプの学習課題は授業の途中で完結してしまう。

学習課題がリフレクションに直結していることがキャリア教育につなげる条件である。だからこそ，本校では「まとめ」と「リフレクション」を完全に分離し，学習内容で押さえるべき事項を「まとめ」で行い，その後「リフレクション」を短時間で行っている。本校ではリフレクションの視点として次の２点を入れるようにしている。

１ 今の学習は将来とどうつながっているか。　２ 今の学習で自分は，どうに変容したか。

（６）　キャリアノートの活用について・・・②

活動があってすぐノートに記入するわけではなく，活動や学習で活用したプリントや資料をポートフォリオ的に蓄積して，その後，資料やプリントを精査しながら，活動を振り返り，キャリアノートに記入している。数年後にはまた振り返りと意思決定につなげる。

（７）　キャリアノートの手直しについて

秋田県全体で活用されているノートであるが，法定帳簿ではないため，ノート内の質問事項を今日の授業のように多少マイナーチェンジし，学校の実態に沿うようにしている。さらに，活用については，学年末ぎりぎりに行うのではなく，年２回７月と２月に保護者と学担のコメントが入っている状態で振り返りを進めている。

（８）　教師側のＰＤＣＡについて

４月にはキャリアノート以外のカードに生徒一人一人に記入してもらった目標や手だてについて教師が把握し，コメントを記入する。またキャリアインサイトの実施により，本人の適正や可能性を教師も生徒も把握している。その上で，全教科・領域・学校行事の教育課程全体で基礎的・汎用的能力の育成見向け学習を進めていくことを単なる確認ではなく，学校としての意気込みも含めて教職員全員でチームとして関わり続ける決意を確認してきている。マイナーチェンジや軌道修正については，生徒の状況を見取りながら，ミドルリーダーとも協議しながら進めてきた。本校では，すぐ教職員全体にその広がりを実行できるよう，職員会議以外でも短時間で校長が伝えることを繰り返してきた。

（９）　職員への周知について

校長のリーダーシップが大きい。研究主任へは普段の授業参観から同行してもらい，ミニ授業研究会を行っている。ミニ研究会は校長・教頭・研究主任であるが互いが出張等で揃わない時は，二人または校長または教頭のみということもあるが，「不断の授業改善」を常に呼びかけてレクチャーしている。この繰り返しによって，研究主任も自ら研究を深めたり，教師集団も互いに情報交換して高めあったり等の現象が見られ，結果として生徒に還元され，県内でも高い学力を維持している。

(10)　普段の蓄積について，教科と行事等ではサイクルが違うがについて

教科は長いスパン。行事は短いスパンで取り組んでいる。行事より長いスパンの教科では一単元を１サイクル型で捉え，一つの単元でどのような力を付けるのかをより明確にするため，教育課程の内容をしっかり押さえながら，大きく外れない範囲で，生徒の実態に合わせ単元を「再構成」し，単元の「構成図」や「評価計画」を作成してから，学習の指導・支援を行うことを進めている。単に教科書通りとか教師のやりやすい学習とかはタブーとしてきた。教師自身の手で単元の教材研究が十分行われ，単元を「再構成」し，単元目標が明確であれば，学習内容の習得だけでなく，どのような成長があったのかを振り返ることが，より有効になる。行事については，記憶が薄れないうちに振り返り，そのプリントや資料をその都度，蓄積するようにしている。

(11)　単元のねらいと単位時間のねらいについて

１単位時間の学習であっても，追究型の学習課題を設定している。また学習課題は限りなく生徒から誘導的・意図的に出してもらっている。この学習訓練が日々行われていれば，比較的容易に教師の意図した学習課題は設定されてくる。追究型学習の課題設定については，やはり「高度のスキル」と「徹底した教材研究」が必要である。本校では，押さえるべき学習内容を「まとめ」。「振り返り」はあくまでも学習課題で，として分けている。つまり，学習課題は「〇〇の学習をしよう」ではなく，その側面的な「〇〇には，どのようなよさがあるのだろう」というような，基礎的・汎用的能力の育成につながる設定をしなければならない。学習課題の設定が勝負である。単元のねらいは教師サイドがこの生徒にどんな力を付けさせなければいけないのかを見極め，単元を「再構成」する前に設定される。

6　現任校でのキャリアノートの活用実践

～キャリアノートを活用した開校記念集会～　(平成３０年５月１日)

↑全校生徒(455名)が体育館で反円形型に座り，キャリアノートを使って自分を考える，討論型の集会を行った。

４月に赴任した中学校であるが，５月１日は開校記念日でキャリアノートを活用し，自分の成長を振り返り，全校（４５５名）で開校記念集会を行うことを提案した。これまで開校記念日は，講師を招き，講話を聞き，感想を言うという流れであったが，基礎的・汎用的能力の育成という観点から，討論形式の集会を企画することを考えた。企画運営委員会では「４５５人の全校生徒で討論は無理」「全校の前でフリーで話すのは不得意」などという意見が出てきた。しかし，このことを校長としてチャンスと受け止め，こちらから細案を提示し，再度会議をした。少しずつ前が見え始め，新たなアイディアを出す職員も出始めてきた。講師は，大館市教育長であったが，前もって校長の思い（さらに活力のある生徒づくり）を伝えておいた。そのため，本校の長所や短所を話し，本校に望むことも述べてもらうことができた。その後，キャリアノートで小学校低学年からのキャリア発達を振り返り，将来の自分と結びつけて，対話的な話し合いが行われた。一問一答式ではではなく，自分の学校がどう見られているかという観点から大集団が互いに考える学習を行うことができた。改めてキャリアノートは，自分を振り返り，自分の未来を考えていくことにふさわしいツールであり，基礎的・汎用的能力の育成に大きく貢献する機能をもっていることが分かった。

↑キャリアノートで７年間を振り返る

↑互いに自分の考えを伝え合う

↑自分の考えをまとめ上げていく

↑大人数の中でも自分の考えを述べながら，他の人の意見も尊重していくことで，基礎的・汎用的能力が育成されていく。

「キャリア・パスポート」が、キャリア教育の重要なツールになりうることが分かります。「キャリア・パスポート」は、これまであいまいなままだった「キャリア」を直接取りあげることができるのです。「キャリア・パスポート」に取り組むことによって、子供たちはこれまでの様々な学びに気付き、それらをつなぎ合わせることで、自分自身を知ることになります。つまり、気付きをつなぐことで、自分が見えてくる。さらにそれがこれまでの気付きとつなげられることで「キャリア」が見えてくるのです。

キャリア、キャリアといいながら、そのキャリアが何かさっぱり分からないという、これまでのキャリア教育における隔靴掻痒感、不十全感を払拭することができるのではないかと思われます。

しかし、文部科学省の示す「資料」のままでは、それを真に活用することにはならないでしょう。「キャリア」を直接取りあげることができる、「キャリア」が見えてくる、といっても、提示された資料をそのまま使っているだけでは「キャリア」は取りあげられないし、見えてもきません。キャリアとは何か、への明確な認識が教師になければ、「キャリア・パスポート」は単なる記録の蓄積に過ぎません。そこから「キャリア」を読み取ることが必要なのです。

対話を通して、教師と児童生徒がともに「キャリア」に気付き、「キャリア」を見つめ、「キャリア」を語ることが、真の意味のキャリア教育です。その時、「キャリア・パスポート」が有力なツールとなるのです。

第七章

キャリア教育の現状と課題

国立教育政策研究所生徒指導・進路指導研究センターは、2013（平成25）年に「キャリア教育・進路指導に関する総合的実態調査」をまとめました。さらに、2020（令和2）年に「キャリア教育に関する総合的研究（第一次報告書）」をまとめています。ここに、発足後10年のキャリア教育の姿を、そして15年を経た現在のキャリア教育の姿を見ることができます。

ただ、注意しなければならないのは、これらはあくまで全体的な、いわば平均的なものであるということです。現実にこれに完全に相当する学校はありません。各小学校、中学校、高校はそれぞれにキャリア教育に取り組んでいるわけですから。ここに示される内容を自校の状況と対比してみたとき、自校のキャリア教育の「現状と課題」が明らかになるでしょう。

ここでは、「キャリア教育・進路指導に関する総合的実態調査」と「キャリア教育に関する総合的研究」を基に、キャリア教育の全体的な「現状と課題」を見ていくことにします。

「キャリア教育・進路指導に関する総合的実態調査」では、以下のようにまとめられています。

小学校におけるキャリア教育の現状と課題

●約8割の学校がキャリア教育担当者を配置しており、小学校においてもキャリア教育推進への対応が進みつつある。しかし、担当者の多くが他の担当との兼任であること、担当者が一人のみの場合が多いこと等の課題もある。

●キャリア教育の全体計画の作成は6割、年間計画の作成は5割程度の学校にとどまっている。児童の発達の段階に応じた系統的なキャリア教育の実践のため、指導計画の作成を推進する必要がある。

●年間計画に「キャリア・カウンセリングが含まれている」割合は極めて低く1割を下回る。キャリア・カウンセリングは、単に卒業後の進路決定のための相談ではなく、児童のキャリア発達を促すうえで欠かせない個別支援であることを認識する必要がある。

●「基礎的・汎用的能力」に関する教員の理解が不十分であり、キャリア教育に関する校内研修に参加したことがない教員も6割を超えている。学校全体での系統的なキャリア教育の実践に向け、キャリア教育の理解を共有するため、研修機会の拡充を図る必要がある。

- 児童の多くは、「友達の考えや気持ちを考えながら話を聞こうとする」など「人間関係形成能力」にかかわる事柄について日常的に留意しつつ生活しているが、「キャリアプランニング能力」や「課題対応能力」にかかわる事柄について留意して生活している児童は少ない。
- 9割以上の保護者は小学校で職業や仕事について学習することを有意義だと捉えている。
- キャリア教育の新たな課題ともいえる「自己管理能力」「課題対応能力」を向上させる上で、職業に関する学習やキャリア・カウンセリングの充実が効果を発揮する。

中学校におけるキャリア教育の現状と課題

- キャリア教育の全体計画・年間指導計画とも、約8割の学校で作成されており、計画的な実践の定着が進んでいる。
- ほぼ全ての学校にキャリア教育の担当者が配置されているが、在任期間は1年目が4割を占め、第3学年の学級担任等との兼任も約4割に及んでいる。卒業学年に焦点を当てた組織体制である可能性があり、中学校3年間の継続性や系統性の確保の面から改善が望まれる。

●キャリア教育に関する校内研修に「参加したことがない」担任は約5割に及んでいる。教育活動全体を通じた系統的なキャリア教育の実践のため、研修への参加により、すべての担任の理解を深めることが課題である。

●職場体験活動はほとんどの学校で実施されており、第2学年での実施率が89・5%と最も高い。また、約9割の卒業生が「有意義だった」と評価している。その一方で、多くの生徒や卒業生が将来の生き方や進路を考える上で日々の授業が役立つと回答していることを踏まえると、職場体験活動にとどまらず、教育活動全体を通じたキャリア教育の充実を図る必要がある。

●保護者の期待は進学支援に限定されてはおらず、生徒の社会的・職業的自立を目指した多様なキャリア教育を望んでいる。保護者の幅広い期待に応える実践の充実が求められる。

●キャリア教育の全般的な充実、職場体験活動の日々の増加は、ともに生徒の学習意欲を向上させる可能性があり、キャリア教育の一層の拡充が期待される。

高等学校におけるキャリア教育の現状と課題

●キャリア教育の全体計画は7割、年間指導計画は8割の学校で作成されており、計画的な実践の定着が進んでいる。また、ほぼすべての学校にキャリア教育の担当者が配置されており、在任期間は2~3年目が最も多く43・0%であった。

●キャリア教育に関する校内研修に「参加したことがない」担任が約5割に及んでおり、教育活動全体を通じた系統的なキャリア教育の実践のため、研修への参加により、すべての担任の理解を深めることが課題である。

●就業体験の実施は各学年共通して「0日」が最多であり、その充実に向けた担任の意識も低い。一方、保護者や卒業者の期待は高く、今後の充実が課題である。

●生徒・卒業者ともに、多くが「就職後の離職・失業など、将来起こりうる人生上の諸リスクへの対応」について「もっと指導してほしかった」と回答している。長期的視点から将来を展望した指導の充実が課題である。

●学科により「組織体制」や「就業体験などの体験活動の実施状況」に大きな違いがある。総合学科では21・5%が「キャリア教育のみを担当している」者を配置しているが、他学科では1割に満たない。就業体験・社会人講話などの体験的活動の実施については、職業に関する専門学科が95・9％と最も高く、総合学科81・9％、普通科74・6％の順であった。とりわけ普通科における体制整備や取り組みの充実が期待される。

小学校でもキャリア教育推進への対応が進みつつありますが、課題もあるといえます。「キャリア・カウンセリング」や「基礎的・汎用的能力」に関する理解が不十分である、といったことから、小学校では、キャリア教育の取組がなされてきているとはいうものの、形式的なものにとどまっているように思われます。

中学校では、「キャリア教育の計画的な実践の定着が進んでいる」とはいうものの、「卒業学年に焦点を当てた組織体制で、3年間の継続性や系統性の確保が望まれる」という、かつての悪しき進路指導が残っているような感じがします。ただ、職場体験活動はほとんどの中学校で実施されています。「キャリア教育の全般的な充実、職場体験活動の日々の増加は、ともに生徒の学習意欲を向上させる可能性があり、キャリア教育の一層の拡充が期待される」という指摘は重要です。

高等学校では、「キャリア教育の全体計画は7割、年間指導計画は8割の学校で作成されており、計画的な実践の定着が進んでいる」といいます。しかし、「就業体験の実施は各学年共通して『0日』が最多であり、その充実に向けた担任の意識も低い。一方、保護者や卒業者の期待は高く、今後の充実が課題である」こと、「学科により『組織体制』や『就業体験などの体験活動の実施状況』に大きな違いがある」ことなど、高等学校なりの課題もあるという状況です。

全体として、発足後10年の時点で、キャリア教育はようやく定着の方向が見えてきた段階にあるといえるでしょう。しかし、その内実は、小学校では「未分化」、中学校では「進路指導からの脱却が不十分」、高校では「バラバラ」の状況にとどまっているといわなければなりません。

現在はどうでしょうか。「キャリア教育・進路指導に関する総合的実態調査」から5年を経て、キャリア教育の更なる推進はあったのでしょうか。

2020（令和2）年の「キャリア教育に関する総合的研究」は、以下のようにまとめています。

小学校におけるキャリア教育の現状と課題

- キャリア教育の全体計画の作成は約8割の学校が行っているが、年間指導計画の作成は約5割にとどまっている。児童の発達段階に応じた系統的なキャリア教育の実践のため、引き続き年間指導計画の作成を促す必要がある。
- キャリア教育の年間指導計画を作成している学校の8割以上が、年度末に計画の見直し・改善を図っている。学校はキャリア教育の一層の充実に努めようとしている。
- キャリア教育の体験活動を計画する際、日常生活や日々の学習と将来をつなげて考えることを重視している学校は約7割ある。学校は、キャリア教育を通じて、児童が学校での学習と自分の将来との関係に意義を見出すことを目指している。
- 「キャリア・パスポート」を作成していない学校は7割を超えている。児童が自身の変容や成長を自己評価できるように、「キャリア・パスポート」の意義や効果等についての理解を深める必要がある。
- 職場見学等の体験活動や事前指導・事後指導について、「実施している」「十分に行っている」と回答した学級担任は、いずれも約2割である。体験活動における事前事後指導の意義と効果を踏まえ、一層充実させる必要がある。

●「キャリア・パスポート」については、まだ導入していない自治体が多いため、作成していない学級担任が多いが、作成している学級担任は、児童が成長を振り返る際などに有効活用している。

●キャリア・カウンセリングについて、「内容や方法がわからない」と回答した学級担任の割合は約2割である。約4割であった前回調査の結果に鑑みると、キャリア・カウンセリングの内容や方法の理解が確実に進んでいることがうかがえる。

●9割以上の児童が、「これからもっとたくさんのことを学びたい」「学校の勉強はふだんの生活に役立つ」「学校での勉強は将来の仕事の可能性を広げてくれる」などの問いに肯定的に回答している。多くの児童が学ぶことに意義を実感して意欲的に学習している。

●学級担任が必要性を感じている「児童自身による目標設定」「教員間の共通理解の促進」は、現状では学校において十分に行われていない。一方で、多くの学校が改善の必要性を感じている。

●「身に付けさせたい力」を意識してキャリア教育を実践している学級担任は、児童の基礎的・汎用的能力や学習意欲の向上を見取っており、児童自身もそのことを認識している。児童の実感をさらに高めるために、「キャリア・パスポート」の有効活用が期待される。

中学校におけるキャリア教育の現状と課題

●キャリア教育の全体計画は約8割、学年計画は約8割の学校で作成されている。
●全体計画では、多くの学校で「身に付けさせたい資質・能力」が意識されているが、各教科での取り組みなど、カリキュラム・マネジメントの観点を踏まえた計画の立案は今後の課題である。
●年間指導計画では、体験活動が重視されている。体験活動を有意義なキャリア教育の機会とするために、教科学習や日常生活と関連付け、将来の生き方との接続を意識した事前指導・事後指導の更なる充実が求められる。
●キャリア教育に関する研修については、学校外における研修等に参加したことがない教員が約3割いる。キャリア教育についての情報提供を含め、キャリア教育の具体的な内容に関する理解につながるような研修内容を工夫していく必要がある。

●「キャリア・パスポート」の活用については、その意義や効果等についての理解を深める必要がある。

●中学校卒業後の進路の決定時期は早まっている可能性がある。

●多くの生徒が職場体験活動としっかりと向き合い、将来について考える上で役に立てている。

●就職後の離職・失業など、将来起こり得る人生上の諸リスクへの対応については、前回調査時と同様、生徒がその指導を望んでいるにもかかわらず、十分にはなされていない。

●学校（管理職）はキャリア教育を実施する十分な時間を確保できていると考えているが、実際にキャリア教育を実施する学級担任は、その時間を十分に確保できていないと感じている。

●教育課程全体をキャリア教育の観点から整理している学校は、授業・教科学習や学校生活と関連付けながら体験活動の事前指導・事後指導を行っている。

●日々の授業・学習・日常生活と結びつけながら、充実した事前指導・事後指導を伴う職場体験活動の経験がキャリアプランニング能力を高めることにつながる。

高等学校におけるキャリア教育の現状と課題

●キャリア教育の全体計画は約8割の学校で作成されている。「学校全体で身に付けさせたい資質・能力」や「学校教育目標」、「キャリア教育の学校全体（教科横断・学年縦断）での具体的な取り組み」が記載されている。

●年間指導計画も約8割の学校で作成されている。しかし、「各教科・科目におけるキャリア教育」を実施している学校は4割に満たない。学習指導要領の改訂の趣旨等を十分に踏まえたカリキュラム・マネジメントが必要である。

●前回調査同様、「就職後の離職・転職など、将来起こり得る人生上の諸リスクへの対応に関する学習」、「情報化の進展（AI・IoT等）による産業構造・労働環境の変化に関する学習」などを企画・実施している学校の割合は相対的に低い。

●担任は特別活動や授業など学校生活の様々な場面でキャリア教育を意識した指導をし、日々の教育活動の中で進路相談や情報提供などを行っている。

●担任の悩みには「キャリア教育についての考え方・思いが教員によって差が大きい」「キャリア教育と進路指導の違いがわからない」などが挙がることから、キャリア教育を実施する時間だけでなく、教員がキャリア教育について学び、思いを共有する工夫も必要である。

●担任は教員がキャリア教育の取り組みを理解し、育てたい力を共有して、チームとなって教育活動を進めていくことの重要性を強く感じている。情報提供や研修内容の工夫など、キャリア教育の共通理解に向けた取り組みが急務である。

●生徒は、自分の将来の生き方や進路を考えるに当たって、授業や相談など日々の教員との関わりに大きく影響を受けている。

●就業体験活動（インターンシップ）に参加した生徒は約4割だが、参加した生徒の約9割が有意義な活動だと思っている。このことから、より一層の充実が求められる。

●生徒は、卒業直後の進路選択に関する指導だけでなく、自分を知ることや社会人・職業人になった自分を想定した指導も求めている。長期的な視野に立った指導の充実・改善を図る必要がある。

●各教科・科目においてキャリア教育の視点を取り入れた授業は非常に有効であるとい

う認識のもと、学校全体で、教科横断・学年縦断の視点を十分に取り入れた年間指導計画を作成することが望まれる。

●「諸リスクへの対応」に関する指導を学校は重要度が低いと認識しているが、学習した生徒の満足度の高さや指導を望む生徒の要望を踏まえ、企画・実施に向けて再考する必要がある。

●総合学科の管理職には、他の学科の管理職に比べて、キャリア教育に積極的に取り組んでいるという現状認識がある。その一方で、課題認識については学科や卒業後の進路傾向にかかわらず、大方共通している。

●卒業後の進路傾向を問わず、普通科の管理職は、他の学科の管理職に比べて、キャリア教育の成果を実感できない状況にある。

前回調査時に比べて、小学校はキャリア教育の一層の充実に努めようとしています。体験活動等を通じて、児童が学校での学習と自分の将来との関係に意義を見いだすことを目指すキャリア教育が行われているのは心強いかぎりです。

ただ、「キャリア・パスポート」については、まだ導入していない自治体が多いため、作成していない学級担任が多い、という状況で今後の課題となっているようです。「『身に付けさせたい力』を意識してキャリア教育を実践している学級担任は、児童の基礎的・汎用的能力や学習意欲の向上を見取っており、児童自身もそのことを認識している。児童の実感をさらに高めるために、『キャリア・パスポート』の有効活用が期待される」は重要な指摘です。

総じて、小学校においては、キャリア教育の定着が進んでいるといえますが、学校によって、また教師によって、その取組には大きな差があるといったところでしょうか。積極的に取り組んでいる小学校も少なからず存在しており、そこでは、本来のキャリア教育、小学校ならではのキャリア教育が行われているようです。進路指導というキャリア教育の前身をもたなかった小学校は、何のしがらみもなくキャリア教育をむかえることができました。それだけに、いったん取り組もうとすれば、真のキャリア教育が展開できるといえるのです。「全国小学校キャリア教育研究協議会」は、小学校におけるキャリア教育の理解のための格好の場ですので、推薦します。以下に、協議会前会長の林久徳先生のメッセージを載せておきますので、ご覧ください。

「キャリア教育」この言葉はあなたにとって身近な存在でしょうか？

「社会的・職業的自立」という言葉を聞くと、どうしても高校生、大学生、新社会人をイメージしますが、自立するための資質、能力は、将来展望を広げ、選択肢の数を増やしたり、自分の生き方を見つけたりするための大きく強い道具となるものです。

将来役立つ力は、今の生活を豊かにする力でもあります。この力を早い段階から意図的に育むことにより、子どもたち一人一人が前向きに人生を歩むことができるのです。

全国小学校キャリア教育研究協議会はそんな教育のお手伝いをしようと思っています。

全国小学校キャリア教育研究協議会
京都市小学校生き方探究・キャリア教育研究会
会長　林　久徳

小学校と比べれば、中学校には、キャリア教育が浸透しているといえるでしょう。その中心は職場体験等の体験活動です。しかも、「教育課程全体をキャリア教育の観点から整理している学校は、授業・教科学習や学校生活と関連付けながら体験活動の事前指導・事後指導を行って」おり、「多くの生徒が職場体験活動としっかりと向き合い、将来について考える上で役に立てている。」ということです。しかし、その一方、「キャリア・パスポート」の活用は未だしの感があります。「『キャリア・パスポート』の活用については、その意義や効果等についての理解を深める必要がある」という指摘を今後の課題としなければならないと思います。

高校も、全体としてキャリア教育が浸透してきたといえるでしょう。しかし、「各教科・科目におけるキャリア教育を実施している学校は4割に満たない」「学習指導要領の改訂の趣旨等を十分に踏まえたカリキュラム・マネジメントが必要である」といった指摘に耳を傾けることも必要です。

また、担任の悩みには「キャリア教育についての考え方・思いが教員によって差が大きい」「キャリア教育と進路指導の違いがわからない」などがあがることから、キャリア教育を実施する時間だけでなく、教師がキャリア教育について学び、思いを共有する工夫も必要でしょう。担任は教員がキャリア教育の取り組みを理解し、育てたい力を共有して、チームとなって教育活動を進めていくことの重要性を強く感じます。「情報提供や研修内容の工夫など、キャリア教育の共通理解に向けた取り組みが急務である」ことから、キャリア教育についての理解の共有化も求められるところです。

高校におけるキャリア教育のもう一つの課題は、各校種による取組の違いです。キャリア教育の共通理解が求められる一方で、校種によって課題や取り組み方が違ってきます。普通科、進路多様校、総合学科等々、それぞれに特徴があり、課題があります。自校の特徴は何かの認識を明確にしつつ、それをさらに伸長することにつながるようなキャリア教育の取組が求められるのです。

仙台市教育委員会が行った2021（令和3）年度の中学生の職場体験活動アンケートのなかに、事業所からのコメントとして「依頼する学校の先生方が『仙台自分づくり教育』をどのように推進してどのような生徒に育てたいのか、同じベクトルの方向を見ていってほしい」とありました。仙台自分づくり教育は仙台版キャリア教育というべきもので、その先進性は大いに評価されるものと私は思っているのですが、その『仙台自分づくり教育』においてさえ、このようなコメントが見られることに愕然としたのでした。これは、キャリア教育を「どのように推進してどのような生徒に育てたいのか」についての共通理解がないということを、端的に示しているのではないでしょうか。キャリア教育の現状と課題が、ここに凝縮されていると思うのです。

第八章

まとめ　展望

職業指導からキャリア教育へ

1900年初頭の職業指導（vocational guidance）、職業相談（vocational counseling）から、2020年代の今日に至るまで実に1世紀以上の長きにわたって、キャリア教育は変遷をとげてきました。わが国では、1919（大正8）年の大阪市立児童相談所の開設にともなう「選職相談」にはじまり、昭和、平成を経て、令和の時代の「キャリア教育」になりました。

大正期は職業指導の黎明期であり、昭和10年代に学校職業指導の時代となり、戦後、昭和20年代に、米国NVGA（全米職業指導協会）の職業指導が再導入され、昭和30年代以降、職業指導から進路指導へと名称が変更されるにともなうかのように、「受験競争」「偏差値」「進路振り分け」といった問題が噴出し、平成に入るとその解決策として「キャリア教育」が提唱され、令和に至りました。

令和の時代は、「キャリア教育」からキャリア教育へとなっていくことになるだろうと私は思います。「　」つきのキャリア教育から、普通の教育活動としてキャリア教育が行われるようになる、なってほしいと思うのです。

職業指導からキャリア教育に至るまで、その基本的課題はschool to work（学校から社会への移行）でした。その課題へのアプローチの変遷が、これまでの職業指導からキャリア教育までの経過であるといえるでしょう。職業指導は職業選択の問題として、進路指導は選択の連続の問題として、さらに連続を通してのキャリア発達の問題として、school to workにアプローチしてきたのです。そしてキャリア教育においては、school to workを進路指導や学校教育に限定せず、社会との連携のなかで取り組むべき課題とすることになったといえるでしょう。

ここにこそキャリア教育の本質があります。考えてみれば、移行とは一方的に送り出すことではありません。受け取る側を無視して送り出すことはできないからです。送り出す側と受け取る側が、相即相入の関係にあって初めてそれは可能なのです。キャリア教育はそれを目指しているのだということを、確認しておきたいと思います。

結局、キャリアとは何なのか

これまで、「キャリア教育」のはじまり（2004（平成16）年の文部科学省「キャリア教育の推進に関する総合的調査研究協力者会議報告書」をめぐって）、キャリア教育の再定義（2011（平成23）年の中央教育審議会答申「今後の学校におけるキャリア教育・職業教育の在り方について」をめぐって）、キャリア教育の基礎的事項、キャリア教育論、キャリア教育の二本の柱、キャリア教育の現状と課題（2020（令和2）年の「キャリア教育に関する総合的研究」をめぐって）と、私自身のこれまでのキャリア教育との関わりから、キャリア教育について考えてきました。

そのなかで、強弱や内容を変えながらも、私がずっと感じてきたことは、「結局、キャリアとは何なのか？」ということでした。キャリア教育が提唱されて20年、「キャリア教育って何？」ということを聞かれることはなくなりました。キャリア教育という言葉は、学校教育だけでなく社会にも定着したように見えます。しかし、一枚めくると、様々な「キャリア教育」が出てきます。それは結局、「キャリア」というこのカタカナ語が理解されにくいということによるのではないか、と私は思います。「キャリア教育の推進に関する総合的調査研究協力者会議」に私も参加していましたが、そこでも「キャリア」が問題になりました。カタカナのキャリアでなく、伝わりやすい表現がないものだろうかと、会議は衆知を集めたのでしたが、それにふさわしい言葉は見つかりませんでした。そこで、「キャリア」についての明確な定義を示すことで「キャリア教育」を推進するということになったのでした。しかし、そこでのキャリアの定義は、学術的な厳密さの考慮もあって、一般には分かりにくいものとなってしまいました。

キャリアの定義は推進会議だけの問題ではなく、学問的問題、研究上の学会の問題です。日本キャリア教育学会はその当事者的位置にあります。学会はキャリアをどう定義づけているでしょうか。

日本キャリア教育学会編集の『キャリア教育概説』（２００８年）では、基本的に、「キャリア教育の推進に関する総合的調査研究協力者会議」の定義を踏襲して、「個々人が生涯にわたって遂行する様々な立場や役割の連鎖及びその過程における自己と働くこととの関係づけや価値づけの累積」としていますが、あわせて、「キャリアは様々な立場や役割（職業を含む）の連鎖であり、役割（職業）そのものではない。その連鎖を通して個人に形成されるのがキャリアである。職業等の立場や役割は個人を離れて存在するが、キャリアは個人個人のものである」と説明しています。

日本キャリア教育学会編集の改訂版『新版キャリア教育概説』（２０２０年）では、２０１１（平成23）年の中央教育審議会答申「今後の学校におけるキャリア教育・職業教育の在り方について」に即して、「人が、生涯の中で様々な役割を果たす過程で、自らの役割の価値や自分と役割との関係を見出していく連なりや積み重ねが、〝キャリア〟の意味するところである」としつつ、この最後の部分が、〝キャリア〟の定義にあたるといえるが、「……関係を見出していく連なりや積み重ね」が、何の連なりや積み重ねなのか不明瞭であるので、「人が生涯の中で様々な役割を果たす過程で自らの役割の価値や自分と役割との関係を見出していく経験の連なりや積み重ね」としています。キャリアは基本的に「連なりや積み重ね」であり、それを捉えることがキャリアを理解することになるのだとしています。

しかし、これで果たして「キャリア」とは何かという問いに答えたことになるでしょうか。学会的にはこれでよいとしても、一般にはやはり分かりにくいといわざるを得ません。「人が生涯の中で様々な役割を果たす過程で、自らの役割の価値や自分と役割との関係を見出していく経験の連なりや積み重ね」は、「働きかた・生きかた」といい換えることができるかもしれません。

「キャリア」を概念的に定義し、抽象的に理解するのではなく、実質的、体験的に納得するようなことができれば、「キャリア」に近付くことができるのではないでしょうか。その可能性は「キャリア・パスポート」にあると思います。「キャリア・パスポート」に取り組むことによって、生徒一人一人が、そして教師も、自分のこれまでたどってきた道筋（「働きかた・生きかた」）を振り返り、今後の方向を考えることができる。これこそまさに「キャリア」ではないでしょうか。

進路指導・職業教育・キャリア教育

職業指導から進路指導、そしてキャリア教育へと展開してきて今日に至るわけですが、そのなかで見逃されがちなのが、職業教育との関係です。

２０１１（平成23）年の中央教育審議会答申「今後の学校におけるキャリア教育・職業教育の在り方について」に端的に見られるように、キャリア教育は職業教育とセットになっていますが、当初からキャリア教育と職業教育は深く関連することが指摘されていました。「キャリア教育の推進に関する総合的調査研究協力者会議報告書」には、「職業教育は、進路指導とともにキャリア教育の中核をなすものである。従来の職業教育の取組においては、専門的な知識・技能を習得させることのみに重きが置かれ、キャリア発達を支援する視点が不十分な状態にあった。今後、職業教育においては、キャリア教育の視点に立って、子どもたちが働くことの意義や専門的な知識・技能を習得することの意義を理解し、将来の職業を自らの意思と責任で選択し、専門的な知識・技能の習得に意欲的に取り組むことができるようにする指導の充実が必要である。」とされています。職業教育は進路指導とともに、キャリア教育の中核をなすものなのです。

この報告書の当時、キャリア教育は提唱されたものの、その具体的な内容は必ずしも明らかにされませんでした。ですからこれを見ると、あたかも進路指導と職業指導がキャリア教育の中身であるかのようにも思えてしまうのですが、そうではありません。

職場体験活動や「キャリア・パスポート」によってキャリア教育が具体性を獲得した現在は、この三者が相互に関連して行われることが求められるのです。職場体験活動だけではキャリア教育にはなりません。「キャリア・パスポート」だけでもキャリア教育にはならないでしょう。三者が相互に関連してはじめて、キャリア教育がキャリア教育となり、進路指導が進路指導となり、職業教育が職業教育となるのです。それは、「進路指導＋職業指導＋キャリア教育」ではありません。「進路指導×職業教育×キャリア教育」となります。どれかひとつでも欠けてしまえば、キャリア教育は不十全なものになってしまうことを、忘れないでほしいのです。優れたキャリア教育の実践例をみると、「進路指導×職業教育×キャリア教育」が実現されていることが分かります。

「新しい生活様式」の基でのキャリア教育

世界的に猛威を振るった新型コロナウイルス感染症の影響で、わが国でも「新しい生活様式」が提唱されています。社会生活の在り方が根本的に問い直され、「新しい」生き方が求められています。その具体的な在り様は、まだ見えてきているわけではありませんが、少なくともこれまでのような、人と人との「密接」な関係性は、大きく変わっていくことになるでしょう。

学校のなかだけで子供を教育し育てるのではなく、社会も、地域社会全体として子供を育てるということが、キャリア教育の発想の基本であるとすれば、新型コロナウイルスによって、キャリア教育も大きな影響を受けざるを得ません。例えば職場体験活動でも、これまでのような「直接的」な体験は難しくなるかもしれません。触れあい、気付き、納得するという、体験的理解の場をどうしていくのかを、改めて考えなければならないのです。地域社会との関係をなくすことなく、むしろこれまで以上に、学校教育は社会との関係を強くしていかなければなりません。

キャリア教育とは、結局、「役割を果たすこと」つまり「働くこと」の意義を学ぶこと、言い換えれば、生きかたを学ぶことです。新しい生きかたを、社会と学校と子供たちが一緒になって作っていくことが、キャリア教育の本質であることを確認しておきたいと思います。

編集協力を終えて

文部科学省初等中等教育局教育課程課教科調査官　長田　徹

「編集協力を終えて」とのタイトルになっていますが、菊池武剋先生の著書に私のような者が編集協力するなどはおこがましく、唯々私にとってはキャリア教育の師匠である菊池先生の著書（本書）を完成より先に読ませていただけるという機会を得ることになりました。そこで、菊池先生への感謝と、僭越ながら現在、文部科学省においてキャリア教育を総括する立場から読者の皆様にメッセージをお伝えするためにこの頁を使わせていただきます。

約二十年前、私は仙台市教育委員会のキャリア教育担当指導主事として菊池先生にお会いいたしました。仙台版のキャリア教育である「仙台自分づくり教育」を推進するための有識者委員会でした。長らく我が国の進路指導に携わられ、キャリア教育の創生に関わられた菊池先生の一言一句を大事にメモいたしました。当時のメモを読み返し、三つの菊池先生の言葉を紹介いたします。

「キャリア教育とは悩ましいものである」

菊池先生は、事あるたびにキャリア教育という言葉の難しさをお話しされました。当時、このような電話を市民からいただきました。「仙台市はキャリア官僚を育てたいのか」「キャリア教育とは職場体験活動をすることなのか」「キャリア教育は小学校には関係ないのではないか」このような誤解をどう解けばよいのか考えた末に仙台市においてはキャリア教育を「仙台自分づくり教育」と日本語に読み替えたのです。同じように、京都市では「生き方探究教育」と読み替えていました。担当指導主事としては、読み替えによって多少は誤解の解消につながったのではと自負していたように思います。しかし数年が経ち〝自分づくり〟という日本語では伝わらない〝キャリア〟の意味がたくさんあることによようやく気付きました。菊池先生は、〝キャリア〟という言葉は実に悩ましいもので、一言でその意味を網羅して伝えることは難しいことを教えてくださるともに、そういった多様で深い意味をもつからこそ〝キャリア〟なのだということを示されていたのです。

「キャリア教育とは二兎を追うものである」

菊池先生は、キャリア教育とは、悩ましいものだからこそ教師が一旦立ち止まって考え、正しい進路指導の意義が広く学校現場や社会で確認されることを願って名付けられたことをよくお話しされていました。中央教育審議会答申「今後の学校におけるキャリア教育・職業教育の在り方について」(平成二十三年：以下キャリア答申）において次のように示されています。

「進路指導は、本来、生徒の個人資料、進路情報、啓発的経験及び相談を通じて、生徒が自ら、将来の進路を選択・計画し、就職又は進学をして、更にその後の生活によりよく適応し、能力を伸長するように、教員が組織的・継続的に指導・援助する過程であり、どのような人間になり、どう生きていくことが望ましいのかといった長期的展望に立った人間形成を目指す教育活動である」

進路指導とは、就職や進学という比較的近い目標と、どのような人間になり、どう生きていくことが望ましいのかといった比較的遠い目標の二つを目指すことが明示されています。要は近い目標と遠い目標の二兎を追うことを確認したのです。キャリア答申においてキャリア教育は「一人一人の社会的・職業的自立に向け、必要な基盤となる能力や態度を育てることを通して、キャリア発達を促す教育」と定義されました。

近年、菊池先生は、教師には教え子の学校卒業直後の進路と同じくらい、三十歳や四十歳になった教え子たちの姿に関心をもつことを求められ、研究者には追跡調査をして学校教育におけるキャリア教育と教え子がどのような大人になり、どう生きたのかの関係についての検証に挑まなくてはならないとお話しされています。

「キャリア教育とは学校教育をよりよくするものである」

菊池先生は、キャリア教育は悩ましく、二兎を追うものであるが、新しいものでも特別なものでもないとお話しされます。〝キャリア〟というカタカナのイメージから、新たな取組や象徴的な体験活動を立ち上げなければという誤解があるかもしれませんが、キャリア教育は、児童生徒一人一人のキャリア発達や個としての自立を促す観点から、従来の学校教育の在り方を幅広く見直し、改善していくための理念と方向性を示すものです。まずは〝今ある宝〟である、既存の教育活動を生かしながら、不足する活動を補う手順を踏むことが肝要だと繰り返し教えていただきました。そう考えれば、キャリア教育に完成や完結もないということなのでしょう。

これまでのキャリア教育の普及・充実に向けた菊池先生のご功労に心から御礼申し上げますとともに、キャリア教育の正しい理解と一層の充実のために本書をご執筆いただきましたことに深く感謝申し上げます。

さて、折角いただいた紙面ですので、ここで、学習指導要領（平成二十九年・三十年告示）の前文からキャリア教育、特に「キャリア・パスポート」についての復習の機会をいただくこととします。

我が国の急激な人口減少、産業構造や社会構造の変化、消えてなくなる仕事や自治体などニュースについては説明不要でしょう。さて、そんな急激な変化を中学生や高校生がどう捉えているのか調査してみました。

令和元年に全国の小学校、中学校、高等学校にご協力いただき、私が所属する国立教育政策研究所生徒指導・進路指導研究センターでは「キャリア教育に関する総合的研究」を行いました。中学生と高校生に、自分の将来や生き方、進路について考えるために学級活動もしくはホームルーム活動などの時間で担任の先生にどのようなことを指導して欲しかったかを、二十一個の選択肢から選んでもらいました。中学生、高校生を足して一位だったのは、「自分の個性や適性を考える学習」でした。これは私の想像通りです。しかし、二位となったのは、「就職後の離職、失業など、将来起こりうる人生上の諸リスクへの対応」でした。

次に、高校生の自分の性格評価の調査について紹介します。一ツ橋文芸教育振興会と日本青少年研究所の行った意識調査では、自分を『価値のある人間』と評価する日本の高校生の比率は、米国、中国、韓国に比べ圧倒的に低く、『自分はダメな人間』と評価する高校生の比率は圧倒的に高くなっています。また、『自分の参加で社会現象を変えられる』と考える中学生、高校生の比率は、海外に比べかなり低くなっています。我が国の若者の自己肯定感や社会参画意識の低さを示しています。

小学校学習指導要領（平成二十九年告示）の前文「一人一人の児童が、自分のよさや可能性を認識する」「児童が学ぶことの意義を実感できる」や「幼児期の教育及び小学校教育の基礎の上に、高等学校以降の教育や生涯にわたる学習とのつながりを見通しながら、児童の学習の在り方を展望していく」の背景はここにあります。【中学校学習指導要領（平成二十九年告示）・高等学校学習指導要領（平成三十年告示）も同様】

小学校学習指導要領（平成二十九年告示）前文（罫線は筆者）

「教育は、教育基本法第１条に定めるとおり、人格の完成を目指し、平和で民主的な国家及び社会の形成者として必要な資質を備えた心身ともに健康な国民の育成を期すという目的のもと、同法第２条に掲げる次の目標を達成するよう行われなければならない。

（１）幅広い知識と教養を身に付け、真理を求める態度を養い、豊かな情操と道徳心を培うとともに、健やかな身体を養うこと。

（２）個人の価値を尊重して、その能力を伸ばし、創造性を培い、自主及び自律の精神を養うとともに、職業及び生活との関連を重視し、勤労を重んずる態度を養うこと。

（３）正義と責任、男女の平等、自他の敬愛と協力を重んずるとともに、公共の精神に基づき、主体的に社会の形成に参画し、その発展に寄与する態度を養うこと。
（４）生命を尊び、自然を大切にし、環境の保全に寄与する態度を養うこと。
（５）伝統と文化を尊重し、それらを育んできた我が国と郷土を愛するとともに、他国を尊重し、国際社会の平和と発展に寄与する態度を養うこと。

これからの学校には、こうした教育の目的及び目標の達成を目指しつつ、一人一人の児童が、自分のよさや可能性を認識するとともに、あらゆる他者を価値のある存在として尊重し、多様な人々と協働しながら様々な社会的変化を乗り越え、豊かな人生を切り拓き、持続可能な社会の創り手となることができるようにすることが求められる。このために必要な教育の在り方を具体化するのが、各学校において教育の内容等を組織的かつ計画的に組み立てた教育課程である。

教育課程を通して、これからの時代に求められる教育を実現していくためには、よりよい学校教育を通してよりよい社会を創るという理念を学校と社会とが共有し、それぞれの学校において、必要な教育内容をどのように学び、どのような資質・能力を身に付けられるようにするのかを教育課程において明確にしながら、社会との連携及び協働によりその実現を図っていくという、社会に開かれた教育課程の実現が重要となる。

学習指導要領とは、こうした理念の実現に向けて必要となる教育課程の基準を大綱的に定めるものである。学習指導要領が果たす役割の一つは、公の性質を有する学校における教育水準を全国的に確保することである。また、各学校がその特色を生かして創意工夫を重ね、長年にわたり積み重ねられてきた教育実践や学術研究の蓄積を生かしながら、児童や地域の現状や課題を捉え、家庭や地域社会と協力して、学習指導要領を踏まえた教育活動の更なる充実を図っていくことも重要である。

児童が学ぶことの意義を実感できる環境を整え、一人一人の資質・能力を伸ばせるようにしていくことは、教職員をはじめとする学校関係者はもとより、家庭や地域の人々も含め、様々な立場から児童や学校に関わる全ての大人に期待される役割である。幼児期の教育及び小学校教育の基礎の上に、高等学校以降の教育や生涯にわたる学習とのつながりを見通しながら、児童の学習の在り方を展望していくために広く活用されるものとなることを期待して、ここに小学校学習指導要領を定める」

「一人一人の児童が、自分のよさや可能性を認識する」ことの重要性を明示しており、「日本の児童生徒の自己肯定感や社会参画意識の低さは何に起因するのか」という課題に我々大人が正面から向き合うことを求めています。また、これまでの国際的な学力調査の結果からも「児童が学ぶことの意義を実感できる」や「幼児期の教育及び小学校教育の基礎の上に、高等学校以降の教育や生涯にわたる学習とのつながりを見通しながら、児童の学習の在り方を展望していく」ことの必要性が強調され、そのための一つの取組を、小学校学習指導要領（平成二十九年告示）の総則では、児童を主語にした「見通し、振り返る活動」としたのです。

小学校学習指導要領（平成二十九年告示）総則　主体的・対話的で深い学びの実現に向けた授業改善

「児童が学習の見通しを立てたり学習したことを振り返ったりする活動を、計画的に取り入れるように工夫すること」

そして、その「見通し、振り返る活動」の具体的な一つの場面を次のようにキャリア教育に求めたのです。

小学校学習指導要領（平成二十九年告示）総則　児童の発達の支援　児童の発達を支える指導の充実

「児童が、学ぶことと自己の将来とのつながりを見通しながら、社会的・職業的自立に向けて必要な基盤となる資質・能力を身に付けていくことができるよう、特別活動を要としつつ各教科等の特質に応じて、キャリア教育の充実を図ること」

また、小学校学習指導要領（平成二十九年告示）の特別活動の各活動・学校行事の目標及び内容にも「見通しを立て、振り返る活動」という活動が記され、その具体的なツール（道具）を次のように示しました。

小学校学習指導要領（平成二十九年告示）の特別活動の各活動・学校行事の目標及び内容

「指導に当たっては、学校、家庭及び地域における学習と生活の見通しを立て、学んだことを振り返りながら、新たな学習や生活への意欲につなげたり、将来の生き方を考えたりする活動を行うこと。その際、児童が活動を記録し蓄積する教材等を活用すること」

この児童が活動を記録し蓄積する教材等こそが「キャリア・パスポート」なのです。「一人一人の児童が、自分のよさや可能性を認識する」「児童が学ぶことの意義を実感できる」や「幼児期の教育及び小学校教育の基礎の上に、高等学校以降の教育や生涯にわたる学習とのつながりを見通しながら、児童の学習の在り方を展望していく」ことをねらった「キャリア・パスポート」はあくまでも児童が主語の自己評価です。小学校学習指導要領（平成二十九年告示）の総則では学習評価について次のように明示しています。

小学校学習指導要領（平成二十九年告示）の総則　学習評価
「児童のよい点や進歩の状況などを積極的に評価し、学習したことの意義や価値を実感できるようにすること。また、各教科等の目標の実現に向けた学習状況を把握する観点から、単元や題材など内容や時間のまとまりを見通しながら評価の場面や方法を工夫して、学習の過程や成果を評価し、指導の改善や学習意欲の向上を図り、資質・能力の育成に生かすようにすること」

資質・能力のバランスのとれた学習評価を行っていくためには、論述やレポートの作成、発表、グループでの話合い、作品の制作等といった多様な活動に取り組ませるパフォーマンス評価などを取り入れ、ペーパーテストの結果にとどまらない、多面的・多角的な評価を行っていくことが必要です。また、総括的な評価のみならず、一人一人の学びの多様性に応じて、学習の過程における形成的な評価を行い、児童生徒の資質・能力がどのように伸びているかを、例えば、日々の記録やポートフォリオなどを通じて、児童生徒自身が把握できるようにしていくことも考えられます。言い換えれば、児童生徒が自己評価を行うことを、教科等の特質に応じて学習活動の一つとして位置付けることが適当だということです。自らの学習状況やキャリア形成を見通したり、振り返ったりできるようにすることがこれからの評価に求められているのです。

教師が学習者の主体性を引き出し、学習の改善を促す目的で行われる学習評価はもちろん大事です。しかし、我が国の児童生徒の実態を踏まえ、人生百年時代の生涯という長期的展望で考えれば、他者評価と同じくらい自分で自分のことを適切に評価し改善につなぐという自己評価を大切にするべきではないでしょうか。その自己評価のトレーニングを初等中等教育段階でどう積むのか、そんな視点で「キャリア・パスポート」を見つめ直してみてください。

中央教育審議会答申「幼稚園，小学校，中学校，高等学校及び特別支援学校の学習指導要領等の改善及び必要な方策について」（平成二十八年）は次のように「キャリア・パスポートに言及しました。

「このように、小・中・高等学校を見通した、かつ、学校の教育活動全体を通じたキャリア教育の充実を図るため、キャリア教育の中核となる特別活動について、その役割を一層明確にする観点から、小・中・高等学校を通じて、学級活動・ホームルーム活動に一人一人のキャリア形成と実現に関する内容を位置付けるとともに、「キャリア・パスポート（仮称）」の活用を図ることを検討する」

また、学習指導要領（平成二十九年・三十年告示）解説特別活動編では、いわゆる「キャリア・パスポート」を基に、自己理解及び児童生徒理解を深めていくことを重視しています。記録を活用したキャリア・カウンセリングや進路相談はもちろん、学級活動・ホームルーム活動における活用で自己評価や相互評価へ導くことを求めています。あわせて、初等中等教育局長通知（平成三十一年）では「学びに向かう力、人間性等」については、観点別学習状況の評価にはなじまず、個人内評価等を通じて見取る部分があることが明確にされ、自らの学習を調整しようとしているかどうかを含めて評価することとしています。「キャリア・パスポート」という自己評価を学習評価の参考資料として適切に活用することにより、児童生徒の学習意欲の向上につなげることも求めています。

キャリア教育の草創期同様に「キャリア・パスポート」という新たなカタカナ用語の登場ということで特別なものが降ってくる、変えることを迫られるというイメージになっていないでしょうか。〝今ある宝〟を今だけの宝にせず、〝一人一人の児童生徒が、自分のよさや可能性を認識できる生涯の宝〟にする。そんな捉え方をしていただけることを願ってやみません。

令和五年三月

参考・引用文献

第一章

公益財団法人日本進路指導協会『公益財団法人日本進路指導協会創立90年史』(2017)
菊池武剋「進路指導の沿革・略史」『偏差値問題読本』(1993)教育開発研究所
藤田晃之「進路指導の歴史と理念」『生徒指導・教育相談・進路指導』(仙崎武・野々村新・渡辺美枝子・菊池武剋編著)(2012)田研出版

第二章

文部科学省　中央教育審議会答申「初等中等教育と高等教育との接続の改善について」(1999)

国立教育政策研究所生徒指導研究センター「児童生徒の職業観・勤労観を育む教育の推進について」(2002)
文部科学省　「キャリア教育の推進に関する総合的調査研究協力者会議報告書」(2004)
児美川孝一郎『権利としてのキャリア教育（若者の希望と社会）』(2007) 明石書店
文部科学省　「小学校・中学校・高等学校　キャリア教育推進の手引」(2006)

第三章
文部科学省　中央教育審議会答申「今後の学校におけるキャリア教育・職業教育の在り方について」(2011)

第四章
菊池武剋　「進路指導の基礎理論」『入門進路指導・相談』（仙崎武・野々村新・渡辺美枝子・菊池武剋編著）(2000) 福村出版
本田由紀　『教育は何を評価してきたのか』(2020) 岩波書店

国立教育政策研究所『資質・能力 理論編』(2016)東洋館出版社
職業教育・進路指導研究会『職業教育及び進路指導に関する基礎的研究』(1996・1997年度 文部省委託調査研究)
仙崎武『キーワード進路指導』(2001)
菊池武剋「適性理論」『産業教育・職業教育学ハンドブック』(日本産業教育学会編)(2013)大学教育出版
菊池武剋編著『生徒理解の心理学』(2000)福村出版
梶田叡一『自己意識の心理学』(1980)東京大学出版会
渡辺三枝子『キャリア教育―自立していく子どもたち』(2008)東京書籍
菊池武剋「ガイダンス・カウンセリングの概念」『ガイダンス・カウンセリングで学校を変える』(仙崎武・渡辺三枝子編)(2002)教育開発研究所
渡辺三枝子・E.L.ハー『キャリアカウンセリング入門―人と仕事の橋渡し』(2001)ナカニシヤ出版
日本進路指導学会編『キャリア・カウンセリング― その基礎と技法、実際』(1996)実務教育出版

日本スクールカウンセリング推進協議会 『ガイダンスカウンセラー実践事例集』（2013）学事出版
寺田盛紀 『キャリア教育論：若者のキャリアと職業観の形成』（2014）学文社
菊池武剋 「キャリア教育の学問的布置」（2010）『キャリア教育リーダーのための図説 キャリア教育』（仙崎武・池場望・下村英雄・藤田晃之・三村隆男・宮崎冴子編著）雇用問題研究会

第五章

ケネス・ホイト編著（仙崎武・藤田晃之・三村隆男・下村英雄訳）『キャリア教育―歴史と未来』（2005）雇用問題研究会
児美川孝一郎 『権利としてのキャリア教育（若者の希望と社会）』（2007）明石書店
日本キャリア教育学会編 『キャリア教育概説』（2008）東洋館出版社
渡辺三枝子 『キャリア教育―自立していく子どもたち』（2008）東京書籍
本田由紀 『教育の職業的意義』（2009）ちくま書房
吉田辰雄監修 『キャリア教育のエッセンス』（2009）日本進路指導協会

浦上昌則『キャリア教育へのセカンド・オピニオン』（2010）北大路書房
寺田盛紀『キャリア教育論：若者のキャリアと職業観の形成』（2014）学文社
藤田晃之『キャリア教育基礎論』（2014）実業之日本社
藤田晃之『キャリア教育 フォー ビギナーズ』（2019）実業之日本社
日本キャリア教育学会編『新版キャリア教育概説』（2020）東洋館出版社

第六章

渡辺三枝子『キャリア教育―自立していく子どもたち』（2008）東京書籍
文部科学省 中央教育審議会答申「幼稚園、小学校、中学校、高等学校及び特別支援学校の学習指導要領等の改善及び必要な方策等について」（2016）
文部科学省初等中等教育局児童生徒課「キャリア・パスポート」例示資料等について（2019）
小林一彦『平成30年度全国キャリア教育研究協議会資料』（2018）

第七章
国立教育政策研究所生徒指導・進路指導研究センター『キャリア教育・進路指導に関する総合的実態調査』(2013)
国立教育政策研究所生徒指導・進路指導研究センター『キャリア教育に関する総合的研究　第一次報告書』(2020)

[著者]

菊池 武剋（きくち たけかつ）

東北大学名誉教授。東北大学文学部卒業。東北大学教育学部教授、同大学院教育学研究科教授、同研究科長・学部長を歴任。専門は、発達心理学、キャリア教育。いち早くキャリア教育に取り組んだ第一人者であり、日本キャリア教育学会会長など様々な経歴をもつ。

[編集協力]

長田 徹（おさだ とおる）

文部科学省初等中等教育局教育課程課教科調査官、国立教育政策研究所教育課程研究センター研究開発部教育課程調査官／同生徒指導・進路指導研究センター客員研究員、東北福祉大学教育学部教育学科教授。専門分野はキャリア教育（進路指導）、特別活動など。

解説《かいせつ》　キャリア教育《きょういく》

2023年4月30日　初版第1刷発行

著　者／菊池武剋《きくちたけかつ》
発行者／岩野裕一
発行所／株式会社実業之日本社
〒107-0062　東京都港区南青山5-4-30 emergence aoyama complex 3F
電話（編集）03-3486-8320（販売）03-6809-0495
[ホームページ]https://www.j-n.co.jp/
[進路指導 net.]https://www.j-n.co.jp/kyouiku/

印刷・製本／大日本印刷株式会社

ISBN978-4-408-41683-0（教育図書）